Gestão com Propósito

Como Despertar o Engajamento Liderando da Cultura à Alta Performance

Rafael Takei

São Paulo – Brasil

11 de junho 2024

1ª Edição

Capa: César Augusto Barreiro de Oliveira

Edição: Sergio Antonio Meneghetti
Rafael Takei

ISBN: 978-65-01-03083-8

Dados Internacionais de Catalogação na Publicação (CIP)
(Câmara Brasileira do Livro, SP, Brasil)

Takei, Rafael
Gestão com propósito : como despertar o engajamento liderando a cultura à alta performance / Rafael Takei. -- São Paulo : Ed. do Autor, 2024.

Bibliografia.
ISBN 978-65-01-03083-8

1. Desenvolvimento profissional 2. Gerenciamento de pessoas 3. Liderança 4. Performance 5. Trabalho em equipe I. Título.

24-207858 CDD-650.13

Índices para catálogo sistemático:

1. Liderança : Desenvolvimento pessoal : Administração 650.13

Aline Graziele Benitez - Bibliotecária - CRB-1/3129

Dedicatória:

À minha esposa Hallana e meu filho Miguel,

Àqueles que me criaram, Maria, Jiro e Lie Takei,

Aos meus pais Álvaro e Angélica,

Aos meus sogros Sueli e Luiz.

Aos meus irmãos Adriana, César, Renato e Rodolpho.

Família amada, vocês são a minha eterna fonte de IKIGAI.

Agradecimentos:

Agradeço a cada um dos magníficos mestres que tive ao longo desta vida, dentre os quais destaco: Jorge Knupp (in memoriam), Adriana Leônidas, Profa Bete e demais professores que iluminaram o meu caminho com seu amor e sabedoria; Coronel Basílio e militares com os quais tive a honra de servir; Eduardo Almeida, Gilberto Cury, Eugênio Ferrarezi, Renata Jurema, Eugênio Mussak, João Carlos Rocha e todos os meus grandes mentores em desenvolvimento humano; Reinaldo Passadori, Alexandre Camilo, José Ricardo Grilo e Joni Galvão que me ensinaram como tornar coisas sérias muito mais divertidas.

A todos amigos e amigas que contribuíram para que eu me tornasse quem sou hoje: Marcelo de Elias, Cristiano Santos, Victor Borges, Sergio Antonio Meneghetti, Fabio Frasson, Jorge Pontual, Bruno Rosa, Fabio Nudge, Luana Ganzert, Jota Washington, Alex Ribeiro Carneiro, Luciana Ikedo, Tatiana Livramento, Alexandre Correa Lima, Silvano Barbosa, Joaquim Paris, Odair Ribeiro, Renato Nasser, Paolo Semintilli, Rodrigo Lóssio, Álvaro Nakamura, Fernando Cursino, Luciano Diniz, Teresinha Montoani, Lorenço Vieira, Patrícia Capeluto, Andréa Cordoniz, Carlos Chaer, Jayne Benitez, Rogério Penna, Igor Souza, Dennis Penna, Marina Matos, Odair Correa, Equipes da Polo Palestrantes, ABTD, ABRH, Conexão T&D, IA3, UNIFUNVIC, UNITAU, ETEP, FECAP, INEC, Mais Leads, minhas assessoras de imprensa Kelly e Celeste, meus clientes, parceiros e todos aqueles que fazem a vida valer a pena.

Prefácio

Conheço a palavra "engajamento" não sei desde quando, mas, certamente, eu ouvi com mais frequência o verbo "engajar" por ocasião do serviço militar obrigatório. Eu servi ao Exército Brasileiro, onde me graduei Cabo.

Nas Forças Armadas, essa palavra frequentemente representa o desejo de seguir uma carreira militar, dando continuidade ao serviço obrigatório. Não foi meu caso.

Entendo, porém, que o sentido pode ir além. Engajar-se significa estar verdadeiramente comprometido com a missão, com os companheiros de equipe e com os valores que defendemos. É sobre honra, lealdade e dedicação inabaláveis.

Percebo que existe uma relação profunda entre essa noção de engajamento militar e o mundo empresarial em que estou imerso atualmente. Quando olho para trás, vejo como as lições aprendidas nos campos de treinamento moldaram minha compreensão do que é necessário para liderar e inspirar outros a alcançarem seus objetivos em qualquer cenário.

A palavra "engajar" tem raízes profundas que nos levam a compreender não apenas seu significado superficial, mas também sua essência subjacente e sua aplicação no contexto empresarial contemporâneo. Etimologicamente, o termo se originou do francês "engager", que significa "dar em garantia", "empenhar" ou "dar como caução". Essa origem remete à ideia de comprometimento e responsabilidade assumida por alguém ao se envolver em determinada atividade ou causa.

Segundo um dos dicionários mais usados na internet, "engajar é um verbo na língua portuguesa, referente ao ato de participar de modo voluntário para algum trabalho ou atividade".

Chamo a atenção para a palavra "voluntário". Não necessariamente estamos nos referindo a um trabalho sem remuneração ou contraprestação financeira, mas sim, sobre o compromisso emocional e intelectual com os objetivos e valores da organização. É uma adesão por vontade própria.

Quando jovem, pintei o rosto com alguns traços pretos e saí às ruas dizendo: "Fora Collor"! Sou da geração dos "caras-pintadas". Confesso que entrei nisso sem saber muito o que estava fazendo, mas, me senti engajado em busca de algo significativo e impactante. No meu caso foi algo mais emocional que intelectual. Talvez eu tenha me sentido impelido a fazer isso pela sensação de pertencimento a um grupo, por estímulo de colegas ou por um pensamento bem-intencionado de praticar algo que me parecia correto.

Assim como os jovens se engajam em movimentos estudantis ou em causas filantrópicas, um colaborador engajado se dedica de corpo e alma ao trabalho que realiza, identificando-se com a missão e os propósitos da empresa.

Trabalhar "de propósito por um propósito" é diferente de trabalhar pela "obrigação de cumprir o horário ou pagar as contas". O emprego é remunerado, mas a dedicação genuína é voluntária.

O engajamento vai além do mero cumprimento de obrigações contratuais; trata-se de uma conexão emocional que motiva o colaborador a dar o melhor de si, a buscar constantemente a excelência e a contribuir de forma proativa para o sucesso da organização. Quando um colaborador se engaja, ele não apenas executa suas tarefas, mas também busca maneiras de agregar valor, de inovar e de colaborar com seus colegas de equipe.

Um colaborador engajado valoriza o sentimento de realização pessoal que advém do seu trabalho bem-feito e pelo orgulho de fazer parte de algo maior do que ele mesmo.

Ao longo dos anos, tenho aplicado esses princípios em minha carreira profissional, seja como líder de equipe, consultor ou palestrante. Compreendi que o verdadeiro engajamento não pode ser imposto de cima para baixo, mas sim cultivado a partir de um ambiente onde cada indivíduo se sente valorizado, capacitado e parte de algo maior do que si mesmo.

Assim, quando ouço falar em engajamento no contexto empresarial, não vejo apenas uma palavra da moda ou um conceito abstrato. Vejo uma filosofia de liderança e uma abordagem para alcançar resultados extraordinários, baseados na confiança, no comprometimento e na colaboração.

E é isso que o Rafael Takei também acredita. Não é por acaso que fiquei imensamente feliz e honrado ao ser convidado para prefaciar essa obra.

Para mim, escrever este prefácio é mais do que uma simples formalidade; é uma oportunidade de testemunhar e celebrar o impacto positivo que este livro pode ter na vida das pessoas.

Rafael é muito mais do que apenas um autor dedicado; ele é um amigo querido, um visionário incansável e um verdadeiro catalisador de mudanças positivas no mundo empresarial. Sua jornada é marcada por uma busca incessante pelo aprimoramento pessoal e profissional, refletida em sua impressionante trajetória e vasta experiência. Sempre com muito entusiasmo, engajamento e propósito, ele tem estimulado e proporcionado muitos aprendizados e reflexões por onde passa.

Apesar de eu saber que o engajamento é algo intrínseco, dou-me a licença poética para dizer, sem preocupar-me com as conceituações e teorias, que o Rafael Takei é um grande e exímio "engajador" de pessoas.

Nos palcos, nas salas de aula, em seus conteúdos e na vida!

Ao mergulhar na essência de "Os 4 Elos do Engajamento", é impossível não ser envolvido pela energia apaixonada e pela sabedoria contida em cada capítulo. Rafael Takei não apenas domina o assunto do engajamento organizacional e propósito, mas também nos presenteia com uma abordagem que transcende o comum. Seu conhecimento profundo, aliado a uma escrita envolvente e democrática, nos conduz por uma jornada reveladora, onde exploramos os desafios e as soluções para criar equipes verdadeiramente engajadas e produtivas.

É uma chance de convidar cada leitor a embarcar nesta jornada de descoberta e crescimento, onde aprenderemos juntos a desvendar os mistérios do engajamento humano e a construir organizações que prosperam em um mundo em constante mudança.

Rafael não é apenas um escritor talentoso; ele é um mestre na arte de inspirar e capacitar líderes a alcançarem o melhor de si mesmos e de suas equipes.

Imagine-se em um cenário onde as engrenagens de uma empresa funcionam em perfeita harmonia, impulsionadas pelo comprometimento e pela paixão de cada membro da equipe. Esse é o mundo que somos convidados a explorar um mundo onde os quatro elos fundamentais do engajamento – envolvimento, comprometimento, desenvolvimento e pertencimento – se unem para forjar organizações verdadeiramente excepcionais.

No decorrer das páginas deste livro, você será conduzido por um emocionante storytelling, no qual ele revela os "4 Ralos do Engajamento", os quais minam a vitalidade das equipes e prejudicam o desempenho organizacional. Em "O DesPropósito – Da Glória à

Miséria" Rafael desvenda os segredos por trás dos desafios mais prementes enfrentados pelas empresas de hoje.

Mas não se engane, "Os 4 Elos do Engajamento" não é apenas um diagnóstico dos problemas, é um manual prático para a resolução dessas questões. Rafael nos presenteia com ferramentas poderosas, como a Técnica das 5 Mensagens e a Resposta Ativa Construtiva, que nos capacitam a liderar com propósito e eficácia. Para facilitar o entendimento e a memorização, ele sempre tem uma sacada genial em forma de acrósticos, siglas, métodos e histórias.

Nas páginas finais, encontramos uma preciosidade adicional: o "Workshop Estratégico de Propósito", uma ferramenta valiosa para alinhar equipes em torno de um propósito compartilhado e inspirador. Com clareza e precisão, Rafael nos mostra o caminho para alcançar o tão almejado "RePropósito", uma jornada para manter vivo o engajamento da equipe.

Que este livro seja mais do que uma fonte de conhecimento: seja um guia confiável em sua busca por uma liderança mais eficaz, por equipes mais coesas e por uma vida profissional mais plena! Que suas páginas o inspirem a alcançar novos patamares de excelência e a fazer a diferença onde quer que você esteja.

Que esta jornada o inspire, capacite e transforme não apenas suas práticas de liderança, mas também a cultura de sua organização. Pois, como Rafael nos lembra com tanta eloquência, o verdadeiro engajamento é a chave para desbloquear o potencial ilimitado de nossas equipes e alcançar novos patamares de excelência.

Com admiração e entusiasmo,

Marcelo de Elias

Palestrante Especialista em Gestão de Mudanças, Futuro e Inovação.

"Acredite com responsabilidade, transforme a sua realidade."

Rafael Takei

Sumário:

Do DesPropósito ao RePropósito ____ 13
Parte 1 - Os 4 Ralos do Engajamento ____ 15
O DesPropósito - Da Glória à Miséria ____ 17
Frustração - Quando a Chama se Apaga ____ 21
Estagnação – A Tortura da Roda do Hamster ____ 25
Desvalorização – A Via de Mão Única ____ 31
Agressão - Os Insultos que Corrompem o Engajamento ____ 37
Parte 2 - Os 4 Elos do Engajamento ____ 43
Uma conversa difícil ____ 45
A diferença entre Entender e Concordar ____ 49
1º ELO – Envolvimento (Escutar) ____ 53
Líderes Extrovertidos x Introvertidos ____ 55
Lider de Nível 5 ____ 57
Resposta Ativa Construtiva ____ 59
2º ELO – Comprometimento (Negociar) ____ 63
Comunicação Assertiva ____ 65
Técnica das 5 Mensagens ____ 73
3º ELO – Desenvolvimento (Encorajar) ____ 81
Vontade x Capacidade ____ 83
O Desafio da Motivação ____ 87
Motivação 1.0 - Sobrevivência ____ 87
Motivação 2.0 - Cenoura e chicote ____ 88

Motivação 3.0 - O tripé da motivação ____ 89

Propósito ____ 91

Autonomia ____ 95

Excelência ____ 99

Disciplina Positiva ____ 105

4º ELO – Pertencimento (Orquestrar) ____ 109

Confiança ____ 113

Conflitos ____ 121

Comprometimento ____ 127

Responsabilizar ____ 131

Resultados ____ 135

Parte 3 - Gestão com Propósito ____ 141

O RePropósito - Da Miséria à Glória ____ 143

IKIGAI ____ 145

MOAI ____ 155

Workshop Estratégico de Propósito (PCO) ____ 163

Porquê ____ 165

Como ____ 171

O quê ____ 175

O Nosso MOAI ____ 179

Sobre o Autor ____ 185

Frases Para Refletir ____ 187

Referências ____ 189

Do DesPropósito ao RePropósito

"Quem gostaria de trabalhar com pessoas com brilho nos olhos, que sabem o que precisam fazer e fazem bem-feito. Pessoas altamente engajadas?"

Sempre que eu abro as minhas palestras sobre Gestão com Propósito com esta pergunta, vejo a plateia toda levantar o braço. Só para, na sequência, eu vir com a pergunta matadora: "Então me conta, de acordo com a sua experiência, quantos porcento dos trabalhadores estão realmente engajados?"

A reposta média da plateia gira em torno de 10% a 20%, de acordo com a observação que cada um faz da realidade de suas empresas. O mais interessante é que esta reposta é bastante próxima da média mundial.

A pesquisa global realizada anualmente pela Gallup[1], para medir o percentual de trabalhadores engajados nas empresas, chegou às seguintes descobertas:

23% Engajados - aqueles que remam a favor do negócio (Proativos);

18% Desengajados - aqueles que remam contra o negócio (Reativos);

59% Não Engajados - aqueles que esquecem o remo na água (Apáticos).

Vamos entender a tragédia que estes dados revelam?

Quando a pesquisa nos diz que temos 23% de Engajados, significa que para 10 pessoas podemos contar de verdade com apenas 2, enquanto tentamos evitar os danos causados pelas outras 2

Desengajadas, que estão ativamente contra o negócio e ainda precisamos arrastar outras 6 Não Engajadas, que fazem só o mínimo necessário para não serem demitidas, deixando um rastro de retrabalho e mediocridade. Já sentiu este drama alguma vez na sua vida?

Esses dados assombrosos nos levam à próxima pergunta: "Como engajar a nossa equipe?"

Este livro é dedicado a te ajudar a encontrar as repostas para esta pergunta tão desafiadora.

Juntos vamos percorrer uma jornada, que vai esclarecer por que os antigos modelos de motivação funcionam cada vez menos e o que fazer para despertar o engajamento no seu time. Ao longo das próximas páginas você terá contato com exemplos, reflexões e técnicas da Gestão com Propósito, que vão desde clarificar a cultura da empresa, até promover o estado de alta performance em seus colaboradores.

Nossa obra está dividida em três partes

Parte 1 - Vamos começar a nossa conversa apresentando quais são os principais motivos que levam os colaboradores a perderem o engajamento, entregando-se ao DesPropósito com os famigerados "4 Ralos do Engajamento".

Parte 2 - Na sequência, você descobrirá como elevar o engajamento, despertando o RePropósito na sua equipe, ao aplicar o método dos "Os 4 Elos do Engajamento" (Envolvimento, Comprometimento, Desenvolvimento, Pertencimento).

Parte 3 - No desfecho deste livro, você terá uma visão mais ampla dos princípios da Gestão com Propósito e terá acesso a uma síntese das técnicas que embasam este modelo de gestão e liderança.

Parte 1

Parte 1 - Os 4 Ralos do Engajamento

Você contrataria alguém que na entrevista de emprego, ao ser perguntado "Por que você quer trabalhar aqui?", respondesse:

"Trabalhar? Na verdade, eu não estou muito a fim de trabalhar não... eu só preciso do emprego mesmo" (Não Engajado).

Ou que respondesse: "Eu não quero para trabalhar não, meu negócio é arrumar encrenca mesmo, com meus chefes, colegas e principalmente com os clientes" (Desengajado).

Claro que você não contrataria alguém assim, a resposta é óbvia, mas ela revela um fenômeno importante. As pessoas chegam engajadas nas empresas, mas algo acontece ao longo do tempo que faz com que este engajamento se perca.

Se você quer saber por que isso acontece, então permita-me compartilhar uma história pessoal, de como eu vivenciei este fenômeno.

"Quando a circunstância
é boa, devemos
desfrutá-la; quando não
é favorável devemos
transformá-la
e quando não pode
ser transformada,
devemos
transformar
a nós
mesmos."

Viktor Frankl

O DesPropósito - Da Glória à Miséria

Aos 19 anos de idade, eu fui promovido a oficial do exército. Para quem não conhece as patentes militares, isso seria o equivalente a ocupar uma posição de gerente em uma empresa.

Desde o primeiro time que liderei, eu tinha sob minha responsabilidade pessoas que tinham mais tempo de exército (27 anos), que eu de idade (19 anos). Apesar do imenso desafio, eu me sentia confiante. Pois em meu curso de formação, tivemos mais de 5.000 candidatos, dos quais foram selecionados 140 alunos e, após uma intensa jornada de provação, que envolvia provas físicas, intelectuais e comportamentais, eu consegui me consagrar 1° colocado da turma de 2004 do CPOR-SP (Centro de Preparação de Oficiais da Reserva).

Após a minha formação, se eu quisesse prosseguir no serviço militar, eu ainda precisaria fazer diversos sacrifícios como mudar de cidade, trancar a faculdade, abandonar a convivência com amigos e família. Mas, o Exército podia contar comigo para o que precisasse, afinal, eu era um profissional absolutamente ENGAJADO.

Devido à minha ótima classificação, eu pude escolher servir no conceituado CIAvEx (Centro de Instrução da Aviação do Exército). No qual fui designado para a "Companhia de Comando e Serviço". Achei o nome bonito e imponente e quando fui perguntar o que significava, me disseram: "É a companhia de faxina", enquanto riam da minha cara.

Ok! Não era um serviço muito glorioso. Mas, se era para fazer faxina, que fosse a melhor faxina que este quartel já viu, não é mesmo?

Então, eu fui me apresentar, todo entusiasmado, para o meu comandante de companhia. Porém, o que encontrei foi um capitão, que tinha experimentado sua boa dose de frustrações com as forças armadas e estava estudando para outros concursos públicos.

Sem muita disposição para me orientar, ele fez o que você certamente já viu outros chefes fazerem, me disse para conversar com os colegas que já tinham mais tempo de serviço, para eles me passarem o trabalho.

Tudo bem, vamos então conversar com os tenentes mais antigos. Cheguei cheio de energia e ideias para falar com eles, só para receber as palavras que foram o meu 3º balde de água fria consecutivo do dia: "Ô aspira (gíria que significa "oficial principiante"), faça somente o que te mandarem e vê se não fica inventando moda. O EB (Exército Brasileiro) não é nada daquele conto de fadas que te contaram lá na escola. Aqui, tudo o que você disser e fizer pode e será usado contra você, entendeu?"

Este foi só o primeiro dia, de uma sucessão de dissabores que, dia após dia, mês após mês, foram minando a minha paixão pelo serviço. Não tenho orgulho nenhum em assumir que, do alto da minha imaturidade, pouco a pouco meu "brilho no olho" foi se apagando e fui me transformando em um profissional Não-Engajado (conforme a classificação da Gallup).

Apesar de já não estar tão empenhado como antes, eu ainda fazia o que era preciso para me manter empregado. E assim fui levando, até que finalmente chegou o dia da minha promoção por tempo de serviço.

Este evento reacendeu o meu ânimo. Lembro-me claramente de estar naquele auditório, repleto de oficiais prestes a serem promovidos e o comandante anunciando um a um:

"Major Fulano, promovido a Coronel Fulano. Capitão Beltrano, promovido a Major Beltrano. Aspirante Takei, você vai ter que esperar mais um pouco guerreiro, porque a sua promoção vai atrasar, devido a problemas burocráticos que tivemos."

Nesta hora eu tive um flashback, lembrando de todos os sacrifícios que eu tinha feito pelo EB, as horas de estudo, os treinamentos extenuantes, tudo que abdiquei para me dedicar ao serviço. Foi assim que, o que era um mero desânimo, se transformou em um intragável insulto.

Estava pronta a receita para que eu me transformasse em um Desengajado, um desiludido. Indignado, passei a submeter-me ao trabalho apenas para pagar as contas, sentindo um desgosto que crescia diariamente.

"Mesmo os nossos colaboradores mais engajados, podem perder-se no caminho."

O tempo passou, a minha promoção veio, mas a esta altura eu já estava tão revoltado que, certo dia, me percebi repetindo as seguintes palavras, para um novo Aspirante a Oficial, que acabara de chegar todo entusiasmado ao quartel: "Ô aspira, faça somente o que te mandarem e vê se não fica inventando moda. O EB não é nada daquele conto de fadas que te contaram lá na escola. Aqui, tudo o que você disser e fizer pode e será usado contra você, entendeu?"

Vale destacar que esta foi a minha experiência inicial de desengajamento, após ser promovido à oficial do exército. Levando em consideração a minha própria imaturidade e o contexto no qual me inseri. Muitos outros amigos passaram por experiências maravilhosas, nas centenas de quartéis que compõem a força. Portanto, essa frustração que vivi, diz respeito às expectativas que criei e como reagi aos contratempos, que poderiam fazer parte da jornada de um profissional em qualquer trabalho.

O ponto importante desta história é percebemos que, mesmo os nossos colaboradores mais engajados, podem perder-se no caminho.

Esta história ilustra alguns dos principais fatores que podem levar à perda do engajamento, sintetizados aqui em um Acrônimo como os

"4 Ralos do Engajamento", com o qual os líderes devem ficar atentos para que a sua organização não **FEDA**:

Frustração

Estagnação

Desvalorização

Agressão

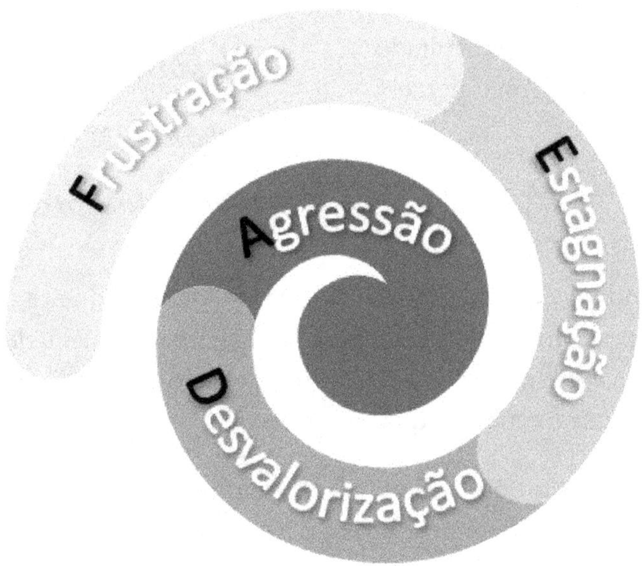

Figura 1 – 4 Ralos do Engajamento (FEDA).

Frustração - Quando a Chama se Apaga

Alguma vez você já sentiu aquela empolgação com um novo desafio, mas depois percebeu este entusiasmo ir se apagando aos poucos?

Pois é, se nós imaginarmos o engajamento como uma chama, a frustração, é como uma chuva fina, que vai apagando lentamente o fogo inicial, até que restem apenas cinzas e fumaça.

Figura 2 – 1º Ralo do Engajamento: Frustração.

Recordo-me vividamente dos meus primeiros dias no exército, quando a excitação era palpável. Porém, as sucessivas frustrações que relatei no início deste capítulo foram apagando pouco a pouco este brilho nos olhos: o trabalho que era diferente do que eu esperava, o comandante sem tempo para me orientar, os colegas desanimados que faziam questão de me desanimar. Estas experiências negativas servem como um ponto de partida para identificarmos o 1º dos "4 Ralos do Engajamento", a Frustração.

Quem você acredita que é responsável pela frustração? O colaborador, a organização, ambos?

O colaborador tem a sua parcela de responsabilidade, conforme destaca Albert Ellis[2], reconhecido como o segundo psicólogo mais influente do século XX pela Associação Americana de Psicologia (APA). Ellis entende que um indivíduo que é intolerante à frustração sempre terá consigo a necessidade pela busca do conforto e a recusa em experimentar aborrecimentos ou emoções desagradáveis.

Nessa mesma perspectiva, Neil Harrington[3], professor do departamento de psicologia da Universidade de Stirling, afirma que indivíduos intolerantes à frustração têm a tendência de atribuir a culpa a outras pessoas e ao mundo pelas suas dificuldades, evitando assumir responsabilidade. Esse direcionamento para questões externas os leva a crer que, ao invés de desenvolver estratégias adaptativas de enfrentamento, é necessário eliminar ou controlar a fonte de desconforto e frustração.

Os pesquisadores da Universidade Federal de Sergipe, Luanna dos Santos Silva e André Faro[4], elencam diversos impactos da frustração nas pessoas, tais como: distresse psicológico, problemas de autocontrole, procrastinação, vício em internet, ansiedade e depressão.

Isso quer dizer que uma pessoa com baixa tolerância à frustração está sujeita a todas essas implicações relacionadas à saúde, vida cotidiana e que, obviamente, impactará na vida familiar e profissional. Portanto, da parte do colaborador, a elaboração de estratégias de enfretamento é essencial para reduzir a frustração.

Mas vale compreendermos também a parcela de responsabilidade da organização na frustração dos colaboradores. Pois a frustração é mais que uma simples contrariedade, é um sentimento corrosivo que surge quando as expectativas não se alinham com a realidade. Ela pode surgir da falta de reconhecimento, da monotonia que se torna um peso em vez de um desafio, ou seja, do conjunto de dissabores que minam o entusiasmo, deixando uma sensação persistente de descontentamento.

O cerne da frustração reside na discrepância entre as expectativas e a realidade. Os sintomas manifestam-se em desmotivação, desânimo e na perda daquele brilho nos olhos que caracteriza um profissional verdadeiramente engajado.

Portanto, líderes atentos podem identificar sinais precoces de frustração, adotando uma abordagem proativa para prevenção: alinhar expectativas, estabelecer metas realistas, reconhecer conquistas e criar um ambiente onde as preocupações são ouvidas, são estratégias cruciais.

Refletir sobre como a frustração se manifesta em sua equipe é o primeiro passo: Que sinais você percebe em seus colegas ou subordinados quando a frustração está se instalando? Como líder, você já identificou situações específicas que podem ter gerado esse sentimento? Pergunte a si mesmo: quais são as expectativas que criamos e comunicamos, e como podemos alinhá-las de maneira mais eficaz com a realidade do ambiente de trabalho?

Essas perguntas desafiadoras visam incitar uma análise profunda e pessoal sobre o tema da frustração. Ao confrontar essas questões, os líderes e membros da equipe podem começar a vislumbrar estratégias práticas para prevenir ou abordar construtivamente a frustração no ambiente de trabalho.

A frustração, se não tratada, pode apagar o engajamento inicial. Ao reconhecer e abordar proativamente este 1° Ralo do Engajamento, podemos preservar a vitalidade e o comprometimento de nossa equipe.

Avançando na compreensão sobre os ralos do engajamento, vamos agora explorar o próximo desafio: a Estagnação.

"Nem tudo que parece ser É.
Nem tudo que É parece
ser."

Angélica Nascimento

Estagnação - A Tortura da Roda do Hamster

Quem nunca experimentou a sensação de estar preso em uma rotina, onde os dias se repetem em uma monotonia entorpecente? É como estar preso em uma roda de Hamster, correndo incessantemente, mas sem sair do lugar.

Assim como o roedor, que corre freneticamente em sua gaiola, aqueles que estão estagnados no trabalho muitas vezes se veem presos em um ciclo interminável de tarefas repetitivas e sem significado aparente.

Figura 3 – 2º Ralo do Engajamento: Estagnação.

Na minha experiência militar confesso que, após a empolgação inicial, a rotina começou a se transformar em uma sucessão previsível de tarefas. As expectativas de grandes aprendizados sobre a arte de liderar, cederam espaço a uma mesmice que se instalou como uma névoa, turvando a visão do meu propósito como um oficial das Forças Armadas e dando lugar à sensação de estagnação.

"A principal característica da estagnação é a ausência de progresso palpável."

A estagnação, ao contrário da dinâmica evolutiva, representa a paralisação do crescimento e aprendizado. É a sensação de que os dias se repetem, as metas não são desafiadoras e a criatividade definha sob o peso da monotonia. Este 2º Ralo do Engajamento demanda atenção e ação, pois suas ramificações podem ser profundas.

Apesar de estarmos falando sobre a estagnação, é importante ressaltar que todos os 4 Ralos do Engajamento são conectados. Por exemplo, a frustração, para Albert Ellis e Windy Dryden[5], faz com que as pessoas não se sintam motivadas a efetuar mudanças em suas atitudes cotidianas e no seu próprio "eu", pois isso envolve sensações incômodas. Nesse sentido, a pessoa frustrada logo ficará estagnada em tudo que se propuser fazer, uma vez que não há motivação para abandonar seu status quo.

Para além da frustração, existem inúmeros outros fatores que podem causar a estagnação. Por exemplo, a pesquisa de Christopher Adair[6], Consultor Senior Kincentric, destaca que pessoas bem pagas têm mais chances de virar "prisioneiros" das suas empresas, ou seja, aumentar salários sem criar uma relação direta com o desempenho, pode ser muito nocivo para as empresas.

Por isso é muito importante entender que: "Retenção não é Engajamento". Reter as pessoas significa criar as condições necessárias para que elas venham trabalhar, o engajamento demanda os outros esforços abordados neste livro, para que a pessoa, além de comparecer, entregue o seu melhor no trabalho.

Ainda assim, nota-se que a questão do salário (dinheiro ou equivalente) é um fator que merece consideração para evitar a frustração dos colaboradores da organização e, consequentemente, evitar que estes estagnem. Vários pesquisadores já exploraram a relação entre dinheiro e motivação. Em um capítulo do livro sobre Gestão de Carreiras, que escrevi em coautoria com o pesquisador e professor da Universidade do Estado da Bahia e da Faculdade de Tecnologia de São Paulo, Victor Borges Canella[7], foram compiladas as principais teorias sobre essa relação e constatou-se que o dinheiro, por si só, é importante, mas não é suficiente para garantir o máximo desempenho das pessoas.

Para o professor Canella, uma organização não pode, em hipótese alguma, remunerar adequadamente seus colaboradores e negligenciar a oferta de oportunidades de desenvolvimento ou progressão na hierarquia da empresa. O oposto também é verdadeiro: uma organização não pode, em hipótese alguma, ter um plano de carreira com oportunidades de treinamento e desenvolvimento, e deixar de remunerar adequadamente seus colaboradores.

A estagnação, nestes casos, é influenciada pelas organizações, que não fazem uma gestão estratégica dos seus colaboradores. Estes, por sua vez, também podem sucumbir por conta própria à estagnação por diversos fatores. A comodidade, por exemplo, é um fator que pode levar muitos bons profissionais à estagnação. O dinheiro, por exemplo, como foi apresentado na pesquisa de Christopher Adair, da Kincentric, é um fator que pode estagnar um indivíduo em uma empresa, sendo prejudicial para ambos, empresa e colaborador.

Na perspectiva individual, cito os seguintes fatores causadores da estagnação: falta de metas claras ou objetivos, medo do fracasso, zona de conforto, falta de autoconfiança, procrastinação, falta de apoio, rotinas rígidas, resistência à mudança, sobrecarga de informação e desalinhamento de valores.

O medo do fracasso, por exemplo, é um outro fator relevante que pode estagnar um indivíduo. Gabriella Cacciott[8], pesquisadora da Universidade de Warwick, localizada no Reino Unido, bem como outros colegas pesquisadores, mostram que o medo do fracasso foi frequentemente estudado como um determinante dos comportamentos. A pesquisadora em questão, constata que: "o medo do fracasso é entendido como reação emocional emergente da avaliação cognitiva de experiências que representam uma ameaça à capacidade de alguém de atingir um objetivo pessoalmente significativo".

Deixe-me explicar melhor: imagine que você possui uma entrevista de emprego muito importante e que poderá mudar a sua vida. É normal você ficar ansioso com isso, certo? Às vezes você pode até se preocupar e pensar "E se eu falhar?", "E se eu não conseguir?".

Esses pensamentos são naturais e representam suas expectativas e emoções. Todavia, se você não controlar essas emoções, isso pode te frustrar – olha novamente a frustração dando as caras –, diminuir sua motivação e, consequentemente, te paralisar, isto é, você ficará estagnado e não conseguirá elaborar estratégias para o enfrentamento do desafio.

Voltando à influência das organizações, são vários os fatores que podem causar a estagnação, estão aqui alguns exemplos: falta de oportunidade de crescimento e desenvolvimento profissional, falta de feedback e reconhecimento, cultura organizacional inadequada, falta de desafios no trabalho, barreiras à comunicação, políticas de promoção inadequadas, falta de liderança e orientação, insegurança no emprego, desalinhamento de valores etc.

A principal característica da estagnação é a ausência de progresso palpável. Os colaboradores sentem-se estagnados quando as oportunidades de aprendizado e crescimento são escassas ou quando as barreiras organizacionais bloqueiam seu avanço. Como líderes, cabe a nós dissiparmos a névoa da estagnação, proporcionando uma visão clara do horizonte e criando estímulos para o desenvolvimento contínuo.

Entender os sinais de estagnação é vital. Quando os colaboradores começam a expressar desinteresse, quando o ambiente de trabalho se torna estático e quando as ideias inovadoras são sufocadas, esses são indícios claros. Estabelecer uma cultura que valorize a aprendizagem contínua, incentivar a busca por novos desafios e oferecer oportunidades de desenvolvimento são estratégias essenciais para romper as algemas da estagnação.

Refletir sobre como a estagnação se manifesta em sua equipe é um passo importante para reverter esse quadro: Que indícios de paralisação você percebe? Como líder, já identificou práticas que inadvertidamente contribuem para a estagnação? Pergunte a si mesmo: estamos cultivando um ambiente que nutre a inovação e o crescimento, ou estamos inadvertidamente criando um terreno fértil para a estagnação?

Ao lidar com essas questões, líderes e equipes podem começar a esboçar estratégias práticas para impulsionar a jornada e superar a estagnação no ambiente de trabalho. Ao reconhecer e abordar proativamente esse segundo ralo, podemos restaurar a fluidez do engajamento e enfrentar nosso próximo desafio: Desvalorização.

"Não seja obcecado em ser **o melhor**, lute para estar entre os melhores e dê seu **melhor.**"

Álvaro Takei

Desvalorização – A Via de Mão Única

Em nosso percurso pela compreensão dos Ralos do Engajamento, chegamos agora à Desvalorização, um terceiro problema que pode derrubar a motivação e o entusiasmo dos colaboradores. Se o engajamento é como uma locomotiva, a desvalorização é um desvio perigoso, que pode fazer o trem descarrilhar.

Figura 4 – 3º Ralo do Engajamento: Desvalorização.

Os dois primeiros Ralos, frustração e estagnação, que me levaram a um quadro inicial de "Não Engajamento", tornaram-se ainda mais graves, quando passei a perceber a desigualdade que existia, entre os imensos esforços que eu investia e o pouco reconhecimento que recebia.

A Desvalorização vai além da ausência de recompensas, é uma percepção profunda de que o trabalho e as contribuições não são reconhecidos. Isso cria um descompasso entre a dedicação investida e a validação recebida, tornando-se um catalisador para a desconexão emocional e a perda de sentido no trabalho.

Vamos fazer uma relação com a Frustração e a Estagnação novamente. Como eu já disse, todos os elementos do FEDA são interconectados. Você lembra quando eu falei sobre dinheiro na seção anterior?

Pois é, se o colaborador receber um salário menor do que o seu colega que possui as mesmas tarefas, ele se sentirá desvalorizado. Se o colaborador receber um salário menor que o colega da empresa ao lado, que é uma concorrente, ele se sentirá desvalorizado e, muito provavelmente, irá para a concorrência. Se o colaborador recebe um enorme salário, mas não tem oportunidades de desenvolvimento e crescimento na organização, ele se sentirá estagnado e, consequentemente, desvalorizado. Imagine, então, se ele ainda presenciar outros colegas serem promovidos e premiados de forma injusta?

Existe uma via de mão dupla, para que a valorização seja, de fato, atendida. Os líderes precisam compreender que o dinheiro, por si só, não gera valorização ao colaborador. É necessário que oportunidades para o desenvolvimento contínuo sejam implementadas e os salários equiparados com os das empresas do mesmo segmento e porte.

Uma importante teoria que pode claramente evidenciar a percepção de desvalorização do indivíduo dentro da organização, é a teoria dos dois fatores de Frederick Herzberg[9]. O autor demonstra a existência de fatores **higiênicos** – que se relacionam a todos os benefícios oferecidos pela organização, como, por exemplo, condições do ambiente de trabalho, relacionamento com os superiores, benefícios sociais, salário, status, segurança, relacionamento com subordinados e políticas da empresa e administração; e de fatores **motivadores** que estão relacionados ao cargo ocupado pelo empregado, ao avanço e crescimento na carreira, ao trabalho adequadamente realizado, à responsabilidade exigida, ao reconhecimento e às conquistas. A desvalorização ocorre quando o indivíduo tem a percepção de que seus esforços não são devidamente correspondidos, com os devidos estímulos motivacionais.

O que diferencia a desvalorização da estagnação, é que a desvalorização é um estado de tamanha insatisfação, que pode levar o indivíduo a agir deliberadamente contra a organização (Desengajado). A estagnação, por sua vez, relaciona-se aos indivíduos que estão no estado "neutro", ou seja, "tanto faz" para o colaborador. Ele tem consciência que é só mais um entre tantos outros e continuará na organização por conveniência (Não-Engajado). Imaginem um cenário de um barco afundando, o colaborador Estagnado será aquele que não faz nada, porque "tanto faz". E o Desvalorizado? Pois é, caro leitor, esse colaborador será aquele que possivelmente irá jogar mais água para dentro do barco ou não dará tudo de si para resolver o problema.

Um estudo realizado pelas pesquisadoras Pamela R. Johnson e Julie Indvik[10], ambas pesquisadoras do Departamento de Administração da Universidade do Estado da California, EUA, revelam que funcionários que se sentem desvalorizados, se tornam rebeldes, críticos – no sentido ruim da palavra –, traidores e fofoqueiros. Às vezes esses funcionários podem até recorrer à justiça, contra a organização. As autoras sugerem que para lidar com a raiva e a agressão que surgem no ambiente de trabalho, os empregadores precisam de uma estratégia sistêmica para abordar vários problemas, como os relacionados à saúde mental e comportamentais no trabalho.

É preciso levar em consideração também a forma como cada geração percebe a valorização. Cada geração tende a ter suas próprias características e valores distintos quando se trata do mercado de trabalho. Aqui está um resumo geral do que cada geração costuma valorizar:

1. **Baby Boomers** (nascidos entre 1946 e 1964):
   - Estabilidade no emprego: Os baby boomers valorizam a estabilidade no emprego e muitas vezes buscam uma carreira de longo prazo em uma única empresa.
   - Reconhecimento e recompensas tangíveis: Eles tendem a valorizar o reconhecimento por meio de promoções, aumentos salariais e benefícios tangíveis.
   - Hierarquia organizacional: Os baby boomers estão familiarizados com estruturas hierárquicas tradicionais e geralmente valorizam a ascensão na hierarquia organizacional.

2. **Geração X** (nascidos entre 1965 e 1980):
   - Autonomia e independência: Eles tendem a valorizar a autonomia e a liberdade para trabalhar de forma independente, sem microgerenciamento.
   - Desenvolvimento profissional: A geração X valoriza oportunidades de desenvolvimento profissional e busca contínuo aprendizado e crescimento em suas carreiras.
   - Feedback construtivo: Eles valorizam o feedback claro e construtivo sobre seu desempenho e buscam oportunidades para melhorar e crescer profissionalmente.

3. **Geração Y** (também conhecida como Millennials, nascidos entre 1981 e 1996):
   - Propósito e significado no trabalho: Os millennials valorizam o propósito e o significado em seu trabalho, buscando empregos que estejam alinhados com seus valores pessoais e que contribuam para o bem maior.
   - Flexibilidade e trabalho remoto: Eles valorizam a flexibilidade no local de trabalho, incluindo a capacidade de trabalhar remotamente e ter horários flexíveis.

- Diversidade e inclusão: Os millennials valorizam a diversidade e a inclusão no local de trabalho e buscam ambientes que promovam a igualdade e a aceitação de diferentes pontos de vista.

4. **Geração Z** (nascidos após 1997):
   - Diversidade e inclusão: Assim como os millennials, a geração Z valoriza a diversidade e a inclusão no local de trabalho e busca ambientes que promovam a igualdade e a aceitação.
   - Equilíbrio entre vida profissional e pessoal: Eles valorizam o equilíbrio entre vida profissional e pessoal e preferem ambientes de trabalho flexíveis que lhes permitam gerenciar suas responsabilidades pessoais e profissionais.
   - Propósito e impacto social: A geração Z busca propósito e significado em seu trabalho, valorizando oportunidades para fazer a diferença no mundo e contribuir para causas importantes.

Essas são tendências gerais e as preferências individuais podem variar dentro de cada geração.

Identificar os sinais de desvalorização é crucial. Quando os colaboradores expressam desânimo, quando o senso de propósito é obscurecido pela falta de reconhecimento e quando o ambiente de trabalho se torna um terreno fértil para a revolta, esses são alertas evidentes. Como líderes, cabe a nós prevenirmos as nuvens tempestuosas da desvalorização, valorizando nossos colaboradores com gestos genuínos de apreço.

Para avaliar como a desvalorização se manifesta em sua equipe reflita: Que indícios de insatisfação você percebe? Como líder, já identificou práticas que inadvertidamente contribuem para a desvalorização? Pergunte a si mesmo: estamos cultivando um ambiente que celebra e reconhece as contribuições individuais, ou estamos inadvertidamente alimentando um terreno onde as pessoas se sentem injustiçadas?

Essas reflexões convidam líderes e equipes a desenvolverem processos para infundir valor e significado no ambiente de trabalho. Após reconhecermos este terceiro ralo, avançamos em direção ao próximo desafio: Agressão.

Agressão - Os Insultos que Corrompem o Engajamento

Preste muita atenção. Se você tem uma pessoa Desengajada no seu time, provavelmente em algum momento ela se sentiu insultada ou agredida, por você, pela empresa ou por algum fator relacionado ao trabalho na sua organização.

Note que eu não disse que "você a insultou" e sim que ela "se sentiu insultada". Isto significa que não é somente o que acontece com a pessoa, mas principalmente como ela interpreta os acontecimentos que definirá o nível de engajamento.

Figura 5 – 4° Ralo do Engajamento: Agressão.

Quando atrasaram a minha promoção injustamente, a minha relação com o Exército decaiu a um nível completamente novo de desgosto. Aquilo para mim era o ápice do insulto, depois de tantos sacrifícios realizados em prol de uma organização.

Curiosamente, ao meu lado estava um outro Aspirante, que também teve a sua promoção a Tenente atrasada naquele dia. Porém, a notícia foi recebida por ele de uma forma completamente diferente da minha, com uma atitude quase indiferente. Afinal, para ele, cuja origem pobre nunca lhe permitiu sequer imaginar que seria oficial um dia, o simples fato de já ser um Aspirante estava bem além de suas expectativas iniciais.

Portanto, situações que insultam profundamente algumas pessoas, podem soar como normais ou aceitáveis para outras.

Vale destacar que a agressão no contexto profissional vai além de meros desentendimentos. Ela pode se manifestar na comunicação e nas relações violentas, que atacam a moral e corroem a relação entre colegas e líderes. Se não for controlada, a agressão pode empurrar os colaboradores para o que a Gallup define como Desengajamento, uma situação na qual o profissional não apenas deixa de contribuir positivamente, mas começa a agir contra os interesses da empresa.

Quem nunca se deparou com um ambiente de trabalho onde as palavras pareciam cortar mais fundo do que deveriam? Em meio aos desafios diários, todos enfrentamos momentos de tensão e pressão, mas quando esses momentos se transformam em agressões verbais, a dinâmica muda. Se o engajamento é uma chama a ser alimentada, faz-se necessário um grande cuidado, para que a pressão por resultados não passe a causar incêndios incontroláveis.

A agressão, último dos 4 ralos do engajamento, pode tomar variadas formas no ambiente de trabalho, como agressão física – que, talvez, seja a que mais pensamos ao falar sobre o tema –; agressão psicológica, que se traduz, na maioria das vezes, em assédio moral, assédio sexual, discriminação, manipulação e intimidação; agressão verbal, que são os xingamentos e humilhações públicas; e agressão digital, como o *ciberbullyng* e vazamento de informações pessoais por meio das plataformas digitais da organização ou do *mainstream*.

*"Se o **engajamento** é uma chama a ser alimentada, faz-se necessário um grande cuidado, para que a pressão por resultados não passe a causar incêndios.*

A Organização Mundial da Saúde[11], por meio do documento intitulado Relatório Mundial sobre Violência e Saúde, define violência como "o uso intencional da força física ou do poder, real ou ameaçador, contra si próprio, outra pessoa, ou um grupo ou comunidade, resultando ou com grande probabilidade de resultar em lesão, morte, dano psicológico, deficiência de desenvolvimento ou privação".

No ambiente de trabalho, a violência impetrada pelos clientes e colegas de trabalho são as mais comuns e podem causar mais danos sérios à vítima. Ao estudar as agressões realizadas por colegas de trabalho, uma pesquisa publicada pela Organização das Nações Unidas que foi conduzida pela Organização Internacional do Trabalho (OIT), Lloyd's Register Foundation (LRF) e Gallup[12], contou com uma amostragem de cerca de 75 mil pessoas empregadas em 121 países, revelou os seguintes dados:

1) Quase 23% dos empregados sofreram violência e assédio no trabalho, seja físico, psicológico ou sexual.

2) 17,9% dos empregados relataram ter sido vítimas de violência e assédio psicológicos.

3) 8,5% dos empregados relataram ter enfrentado violência e assédio físicos.

4) 6,3% dos empregados relataram ter enfrentado violência e assédio sexuais, com as mulheres sendo mais expostas.

5) Apenas metade das vítimas em todo o mundo havia revelado suas experiências para outra pessoa.

6) Os grupos mais propensos a serem afetados por diferentes tipos de violência e assédio incluem jovens, trabalhadores migrantes, mulheres e empregados assalariados.

7) Mais de três em cada cinco vítimas disseram ter sofrido violência e assédio no trabalho várias vezes.

8) As mulheres jovens tinham o dobro da probabilidade dos homens jovens de ter enfrentado violência e assédio sexuais, e as mulheres migrantes tinham quase o dobro da probabilidade das mulheres não migrantes de denunciar a violência e o assédio sexuais.

As agressões sexuais, que ocorrem principalmente contra mulheres, têm efeitos devastadores na vida da vítima e no ambiente de trabalho. Bárbara Gutek[13], Professora Emérita de Gestão e Organizações da Universidade do Arizona, destaca várias recomendações para lidar com o assédio sexual no trabalho, com ênfase na importância da conscientização, políticas claras de prevenção e resposta, e um ambiente que apoie a denúncia e o tratamento adequado de casos de assédio. Gutek enfatiza, ainda, a necessidade de mudanças, tanto nas atitudes sociais, quanto nas práticas organizacionais para reduzir e prevenir o assédio sexual, promovendo um ambiente de trabalho mais seguro e igualitário para todos.

Ellen Pinkos Cobb[14] em sua obra “"Workplace Bullying and Harassment: New Developments in International Law”, realizou uma extensa pesquisa que oferece um panorama global, resumindo a legislação relevante e os principais desenvolvimentos relacionados ao bullying, os diversos tipos de assédios, discriminação, violência e estresse no local de trabalho em mais de 50 países na Europa, região da Ásia-Pacífico, Américas (incluindo o Brasil), Oriente Médio e África. A autora aponta que muitos países estão introduzindo novas legislações para lidar com essas agressões no ambiente de trabalho. Alguns países, por exemplo, optaram por instrumentos não regulatórios, como códigos de prática e disposições em acordos coletivos. O que não deixa de ser uma forma de atuar contra esse ralo do engajamento.

Cobb afirma que os empregadores têm o dever de fornecer um ambiente de trabalho seguro para empregados, contratados e clientes. O dever de cuidado do empregador exige garantir que as pessoas estejam seguras mental e fisicamente e que sua saúde não seja afetada negativamente pelo trabalho. Parece até ironia que, apesar de tantas pesquisas apontarem que as agressões no local de trabalho reduzem a produtividade, mesmo assim, existem diversas organizações que deixam esse tema em segundo plano.

*"A **falta de respeito** e o tratamento desigual corroem a motivação, transformando um ambiente de trabalho promissor em um campo de batalha onde as relações se desgastam."*

Em minha experiência, recordo-me de situações em que a pressão no trabalho ultrapassava os limites saudáveis. As palavras ásperas e os insultos transformavam o ambiente, criando uma atmosfera tóxica que minava não apenas a confiança, mas também o comprometimento. Essas situações, marcadas por uma agressão persistente, serviram como um alerta, conduzindo à identificação deste quarto ralo do engajamento: a Agressão.

O cerne da agressão reside na quebra da confiança e no impacto emocional que as palavras e ações têm sobre os colaboradores. A falta de respeito e o tratamento desigual corroem a motivação, transformando um ambiente de trabalho promissor em um campo de batalha onde as relações se desgastam.

Líderes atentos compreendem que a agressão não é apenas um problema de comunicação, mas uma questão de cultura organizacional. Estabelecer uma cultura que valoriza a comunicação respeitosa e proíbe comportamentos agressivos é fundamental para prevenir a erosão do engajamento.

Reflita sobre como a agressão se manifesta em sua equipe: Que impacto as palavras têm sobre o moral e a motivação? Como líder, você já identificou situações específicas em que a agressão prejudicou o engajamento? Pergunte a si mesmo: qual é o tom predominante nas interações entre os membros da equipe (incluindo você) e como ele impacta a dinâmica da equipe?

A agressão, se não tratada, pode corroer os laços que mantêm a equipe unida, transformando pessoas antes engajadas em rebeldes desengajados. Ao reconhecer e abordar proativamente esse ralo, podemos preservar a vitalidade e o comprometimento de nossa equipe.

Após analisarmos estes 4 Ralos do Engajamento e seus impactos, podemos avançar agora para o entendimento de como a Gestão com Propósito traz soluções práticas e efetivas para reconectar os Elos do Engajamento.

Parte 2

Parte 2 - Os 4 Elos do Engajamento

Se por um lado Peter Drucker - o pai da administração moderna - dizia que "Tudo que pode ser medido pode ser melhorado", a sabedoria popular nos ensina que "Nada é tão ruim que não possa ser piorado".

Pois, retomando o relato das minhas experiências de desengajamento no Exército, como se não bastasse a minha situação de total desgosto com as forças armadas naquele momento, ainda designaram um novo comandante para a minha Companhia, um capitão que tinha a fama de ser um cara linha dura, muito Caxias (como se diz na gíria militar).

O que eu menos queria, depois de tudo o que eu tinha passado, era alguém me apertando para trabalhar e querendo me trazer de volta para aquele "faz de conta".

"A vida é feita de escolhas

e todas as escolhas têm

suas consequências

e suas

renúncias."

Marcelo de Elias

Uma Conversa Difícil

O curioso é que, no primeiro mês após a sua chegada, ele pouco falou. Observava bastante, fazia perguntas aqui e acolá para os militares mais experientes da companhia e, quando eu já estava achando que ele ia me deixar quieto no meu canto, ele me disse "Precisamos conversar".

Seu chefe já te disse "Precisamos conversar"? Você conseguiu dormir neste dia? Engraçado que se até quem não está devendo pode ficar desconfortável com esta convocação, imagine eu, que estava deixando muito a desejar.

Ele começou a conversa de forma bastante amigável, perguntando: "Takei, é verdade que você foi 1° colocado na sua turma de formação?"

Nesta hora eu sorri maliciosamente por dentro, pois esta era a deixa para eu tentar enrolá-lo na bandeira. Afinal, você já conheceu alguém em seu trabalho, que algum dia fez algo de importante pela empresa e quer viver o resto da vida deitado nestes louros? Era bem o que eu estava querendo fazer, quando comecei a proferir os jargões militares: "Sim senhor capitão! Fui 1° colocado, Brasil Acima de Tudo, Deus Acima de Todos!"

Foi aí que ele terminou a pergunta: "Então, por que agora você não quer nada com nada?"

Essa patada me pegou de surpresa e eu comecei a gaguejar: "Como assim Capitão? Mas o que eu fiz?"

E ele respondeu: "Não se faça de desentendido Takei, eu tenho observado a forma como você trata os novos Aspirantes, tenho visto como você sempre se esquiva das missões, fazendo o mínimo para não ser demitido, isso quando não toma atitudes dignas de punição."

Cada vez mais acuado eu passei a fazer promessas vazias: "Me perdoe Capitão, isso não vai se repetir, eu vou me corrigir".

Mas tanto eu quanto ele sabíamos que isso era só da boca para fora, por isso ele continuou: "Takei, eu fiz uma pergunta e espero uma resposta. O que aconteceu para que um primeiro colocado como você (Engajado), tenha chegado a este estado deplorável (Desengajado)?"

Sem ter para onde correr, eu comecei a contar para ele, com ainda mais detalhes, tudo o que compartilhei aqui no capítulo "Da Glória à Miséria".

O inesperado é que quanto mais eu contava, mais ele se interessava e mais ele perguntava. Com isso, a cada resposta eu ia revivendo e compreendendo melhor toda a trajetória ladeira abaixo. Sem me dar conta, de repente, eu já estava chorando. Sim, chorando. Se isso não é comum nem no meio corporativo, imagine no meio militar.

Assim que eu terminei tudo o que eu tinha para falar, ele me disse a única coisa que eu jamais esperaria de um líder militar: "Eu te entendo".

Eu te entendo? Como assim? Eu já estava pronto para um "larga de ser chorão", "você é um fraco", "paga 10 flexões", sei lá... qualquer coisa do tipo. Mas "eu te entendo" me pegou desprevenido novamente.

O capitão seguiu falando "Eu entendo que o Exército não é o conto de fadas que te contaram na academia, eu também já tive a minha dose de frustrações com as Forças Armadas. Mas, por mais que eu te entenda, não posso concordar contigo, Takei. Eu não posso concordar contigo porque, antes de mim, meu pai serviu como sargento, sustentou a nossa família e permitiu que eu me tornasse oficial, vivendo de forma digna, apesar de todos os desafios inerentes a qualquer emprego. Portanto Takei, se você quiser continuar a servir como oficial, nós vamos precisar rever as suas atitudes."

Nesta conversa, eu aprendi uma das maiores lições de gestão de conflitos da minha carreira:

**“Você
nem sempre
pode concordar,
mas sempre pode se
esforçar para
entender.”**

Rafael
Takei

A Diferença entre Entender e Concordar

Quando duas ou mais pessoas estão em um conflito, tudo o que elas querem é que o outro lado as Entenda e Concorde com elas. Mas pense por um instante, será que você pode concordar com tudo que as pessoas te dizem? Claro que não! Mas você sempre pode se esforçar para entender.

Note que o capitão começou a conversa genuinamente interessado, em entender o que tinha acontecido para que um jovem absolutamente dedicado e engajado, se tornasse um militar tão revoltado e perdido.

Ele não teve a pressa de se apegar às conclusões precipitadas, às quais muitos de nós chegamos, ao nos depararmos com um mau comportamento. Ele preferiu seguir perguntando e investigando, até realmente **entender** o ocorrido e, acima de tudo, certificar-se de que eu me sentia **entendido**.

Só então ele começou a **expressar** o seu ponto de vista. Primeiro concordando com o que era possível, depois discordando do que era preciso, para então podermos **elaborar** soluções conjuntas para superarmos as minhas condições inaceitáveis de trabalho.

Podemos ilustrar este método de conduzir conversas difíceis com o roteiro:

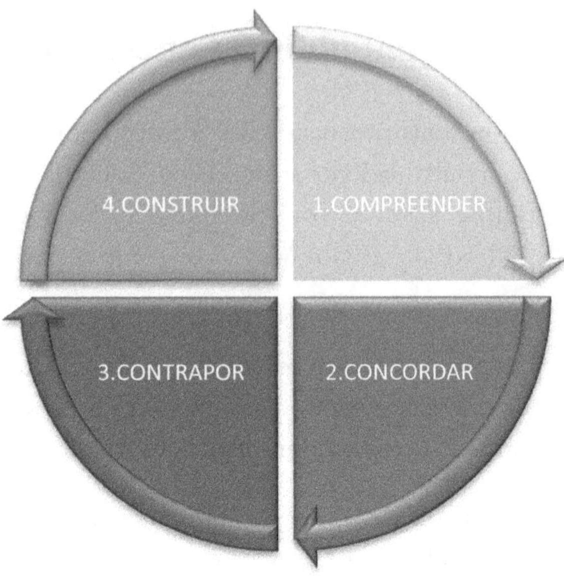

Figura 6 – Método 4C de Gestão de Conflitos.

Ao longo deste livro veremos como utilizar este método na prática, mas em resumo, quando desejar solucionar um conflito, certifique-se de:

1) COMPREENDER o ponto de vista do outro lado.
2) CONCORDAR com o que for possível.
3) CONTRAPOR o que for necessário.
4) CONSTRUIR soluções conjuntas.

O processo de elaborar soluções conjuntas pode demandar realizar este ciclo por diversas vezes, pois a cada vez que alguém propõe uma solução, o outro lado precisará se esforçar para COMPREENDER a ideia, fazendo quem a apresentou se sentir entendido, expressando primeiro os pontos com os quais pode CONCORDAR, para então CONTRAPOR os tópicos que precisa discordar e, a partir disso, aceitar a proposta ou trazer uma nova sugestão, até que se consiga CONSTRUIR um acordo.

A conversa difícil que o capitão teve comigo foi o pontapé inicial, de um longo processo de gestão e alinhamento de expectativas e desempenho, que passamos a percorrer juntos para retomar o meu engajamento e elevar a minha performance.

O método que ele empregou institivamente ao liderar a nossa equipe, foi tão marcante e efetivo que, anos mais tarde, resolvi sintetizar de uma forma acessível, para que os líderes consigam fortalecer o engajamento em suas equipes, ao aplicarem os 4 Elos do Engajamento, conforme veremos a seguir.

"A capacidade de um time vencedor não pode ser medida somente pela capacidade individual dos seus jogadores, mas, principalmente, pelo talento do técnico em extrair dos atletas aquilo que de melhor consigam fazer pelo grupo."

Fernando Basílio da Silva Júnior

1º ELO - Envolvimento (Escutar)

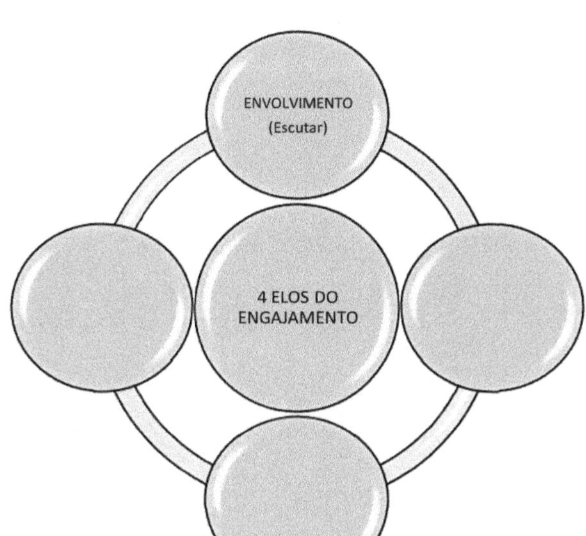

Figura 7 – 1º Elo do Engajamento – Envolvimento.

A conversa franca que o capitão teve comigo é um exemplo prático do 1º Elo, o Envolvimento. Cada um dos Elos tem um verbo que o coloca em ação, o verbo essencial do envolvimento é: Escutar.

Apesar de muitas pessoas já compreenderem a diferença entre ouvir e escutar, vale a pena reforçarmos os conceitos: Quando nossa audição funciona, somos capazes de ouvir, quando prestamos atenção no que ouvimos, passamos a escutar.

Confesso que no começo, quando eu ouvia falar sobre Escuta Ativa, me parecia um daqueles conceitos *Gratiluz*, que caíram na graça da galera que "curte abraçar árvore", como ironizam os adeptos de uma postura mais cética na gestão.

Afinal, passamos o último século sendo bombardeados de exemplos de líderes poderosos, carismáticos e extrovertidos, que davam discursos comoventes, inspiravam suas equipes e mudavam o curso da história. Mas será que pessoas introvertidas, mais dispostas a escutar que falar, também podem ser grandes líderes?

Líderes Extrovertidos x Introvertidos

Esta minha aversão pela Escuta Ativa só começou a cair por terra, quando resolvi fazer um exercício de dialética (um método de pensar que consiste em contradizer ideias para chegar a outras ideias).

Eu tinha acabado de ler um dos famosos livros de Dale Carnegie[15], uma das mentes mais influentes do século XX, chamado "Como falar em público e encantar as pessoas", no qual aprendi ricas lições sobre oratória e reforcei as minhas crenças sobre o poder da extroversão.

Então, resolvi ler, logo na sequência, um livro que apresentasse uma antítese "O poder dos quietos: Como os tímidos e introvertidos podem mudar um mundo que não para de falar", de Susan Cain[16].

Ao estudar O poder dos quietos, passei a descobrir que muitos dos líderes midiáticos que eu admirava, tinham o seu par silencioso fazendo a gestão das equipes sem trazer para si a luz dos holofotes. Aqui seguem alguns exemplos:

Martin Luther King Jr. – o lendário ativista dos direitos raciais, contou com o apoio inestimável de Rosa Parks, que mesmo sendo descrita como uma pessoa muito humilde e reservada, desempenhou um papel fundamental ao liderar ações silenciosas como o "boicote aos ônibus de Montgomery" no qual, sem fazer nenhum grande discurso, simplesmente recusou-se a levantar do assento reservado de forma racista às pessoas brancas, servindo de estopim para uma grandiosa revolução.

Steve Jobs – ele mesmo considerava-se uma pessoa introvertida, que desenvolveu com muito esforço as notáveis habilidades de falar em público, que marcaram os lançamentos épicos de produtos da Apple. Além disso, foi seu quieto sócio Steve Wozniak quem prototipou e liderou nos bastidores e sem fazer grande alarde, a criação dos primeiros computadores pessoais, que permitiram que a Apple ganhasse o mundo.

Walt Disney – um dos maiores gênios criativos que a humanidade já viu, era notadamente uma pessoa extrovertida. Mas o que poucos sabem, é que seu império do entretenimento jamais seria viabilizado, sem as habilidades de gestão de seu irmão introvertido Roy Disney. Uma figura confiável, reservada e bastante pragmática, que garantiu, com muito esmero, que as finanças da companhia não saíssem dos trilhos e que a equipe se mantivesse coesa, ao exercer a gestão nos bastidores.

Todos estes importantes líderes ocultos, trazem consigo uma importante característica das pessoas introvertidas: a preferência por escutar ao invés de falar.

Lider de Nível 5

Me senti reconfortado ao descobrir, tempos depois, que eu não estava sozinho na minha antiga crença de que grandes líderes tinham que ser pessoas de personalidade magnética e imponente. As pesquisas de Jim Collins[17], ao escrever "Empresas Feitas para Vencer", quase incorreram no mesmo erro.

Jim Collins e seu time de pesquisadores, ao tentarem identificar as características dos líderes que conduziram as empresas na jornada de boas a excelentes, tinham a expectativa de encontrar as personalidades carismáticas que povoavam as capas de revistas da Forbes e outras notáveis publicações de gestão, porém, para a sua grande surpresa, em todas as empresas que fizeram a transição para a excelência eles encontraram aquilo que eles batizaram como Líder de Nível 5, conforme o quadro abaixo:

Nível 5	**Executivo de Nível 5** Constrói excelência duradoura, por meio de uma mistura paradoxal de humildade pessoal e força de vontade, baseada no profissionalismo.
Nível 4	**Líder Eficaz** Catalisa o comprometimento com uma visão clara e forte, bem como com a busca vigorosa desta visão, estimulando padrões mais elevados de desempenho.
Nível 3	**Gerente Competente** Organiza as pessoas e os recursos na direção da busca efetiva e eficiente dos objetivos predeterminados.
Nível 2	**Membro Colaborador da Equipe** Contribui, com suas capacidades individuais para que sejam atingidos os objetivos do grupo, e trabalha de forma eficaz com outras pessoas, numa atmosfera de equipe.
Nível 1	**Indivíduo Altamente Capacitado** Faz contribuições produtivas por meio do talento, do conhecimento, das técnicas e dos bons hábitos de trabalho.

Quadro 1 – Hierarquia de Nível 5, de Jim Collins[4]

"Os líderes mais efetivos lideram por meio de perguntas."

Compreenda que o Líder de Nível 5, acumula todas as competências dos níveis anteriores e ainda pratica a política da "Janela e Espelho". Que significa que quando as coisas dão certo o líder olha para a janela, compartilhando os méritos do sucesso com os membros da sua equipe, mas quando as coisas dão errado, o líder olha para o espelho assumindo a responsabilidade pelo ocorrido e compreendendo junto com a equipe o que farão para reverter a situação.

É notável que neste estilo de liderança existe pouco espaço para a arrogância e as bravatas que caracterizam os líderes impositivos e dominadores. Isto não significa que um líder do 5º nível seja um indivíduo submisso, muito pelo contrário, apesar de sua inerente humildade, ele é obstinado pela construção de resultados e não está disposto a permitir que sua equipe entregue menos que a excelência.

O grande pulo do gato aqui, é que ao invés de ditar constantemente o que a equipe deve fazer, subjugando todos os opositores com o seu ego. Os líderes mais efetivos lideram por meio de perguntas, permitindo que as pessoas tragam diferentes perspectivas para a solução dos problemas e construam os acordos que farão a organização marchar consistentemente em direção à excelência. Mas como podemos aplicar a Escuta Ativa em nossa prática diária de liderança?

Resposta Ativa Construtiva

Um dos fundamentos deste estilo de liderança é demonstrar seu interesse e respeito genuíno pela pessoa, antes de discordar dela quando preciso. Uma das formas de praticar isto é usar a técnica proposta pela Professora e Pesquisadora da área de Ciências Psicológicas e Cerebrais da Universidade da Califórnia, Shelly Gable (2018)[18]:

Lembre-se da última vez que você contou uma coisa importante para alguém. A resposta desta pessoa, provavelmente, se encaixa em uma dessas quatro possibilidades:

	Ativa	**Passiva**
Construtiva	Ativa Construtiva	Passiva Construtiva
Destrutiva	Ativa Destrutiva	Passiva Destrutiva

Quadro 2 - Resposta Ativa Construtiva. Adaptado de Shelly Gable.

Para entender melhor, imagine que você compartilhou com alguém importante uma ótima notícia, por exemplo: **"Eu fui promovido!"**

1) Resposta **Passiva Construtiva**

a. **Verbal:** "Que bom. Você merece" (de forma desanimada).

b. **Não verbal:** pouca ou nenhuma expressão emocional.

2) Resposta **Ativa Destrutiva**

a. **Verbal:** "Promovido? Você já estava trabalhando demais! Agora vai passar ainda menos tempo em casa?"

b. **Não verbal:** demonstração de emoções negativas como testa franzida e semblante carrancudo.

3) Resposta **Passiva Destrutiva**

   a. **Verbal:** "O que tem para o jantar?"

   b. **Não verbal:** pouco ou nenhum contato visual, distração com outro assunto, ou deixa a pessoa falando sozinha.

4) Resposta **Ativa Construtiva**

   a. **Verbal:** "Que ótimo! Estou tão orgulhoso de você! Me conte tudo o que aconteceu. Onde você estava quando seu líder deu a notícia? O que ele disse? Como você reagiu? Quais serão seus desafios agora?"

   b. **Não verbal:** contato visual e demonstração de emoção adequada à mensagem recebida.

Qual destes quatro tipos de pessoas você gosta mais? É claro que nós gostamos mais de receber Respostas Ativas Construtivas das pessoas.

Perceba que na resposta ativa construtiva, além de buscarmos demonstrar que entendemos o que a pessoa acabou de nos contar, fazemos perguntas o suficiente para nos certificarmos de que entendemos a pessoa e principalmente para que ela se sinta entendida (como já demonstramos na Figura 1 – Gestão de Conflitos em 4 Etapas).

Agora, imagine o poder que este tipo de resposta tem ao conduzir conversas difíceis com o seu time. Em nosso primeiro exemplo tratamos de um caso em que a pessoa compartilhou uma boa notícia, mas e quando as pessoas nos trazem problemas a serem resolvidos?

Vejamos agora um exemplo no qual você tentou contar ao seu chefe que: **"Um cliente ligou reclamando".**

1) Resposta **Passiva Construtiva**

    a. **Verbal:** "Ah, isso acontece mesmo".

    b. **Não verbal:** demonstrando tranquilidade e com um sorriso no rosto.

2) Resposta **Ativa Destrutiva**

    a. **Verbal:** "Ligou reclamando? A culpa é sua! Que não atende nossos clientes direito!"

    b. **Não verbal:** com a testa franzida e semblante carrancudo.

3) Resposta **Passiva Destrutiva**

    a. **Verbal:** "Ah tah. Aproveitando que você está aqui, você já leu aquele e-mail que eu te mandei ontem?"

    b. **Não verbal:** pouco ou nenhum contato visual, distração com outro assunto, ou deixa a pessoa falando sozinha.

4) Resposta **Ativa Construtiva**

    a. **Verbal:** "Isto é um problema sério. Qual cliente que reclamou? Me conta qual foi a reclamação dele? O que podemos fazer para resolver?"

    b. **Não verbal:** contato visual e demonstração de emoção adequada à mensagem recebida, como preocupação e disposição de contribuir.

Entendo que nem sempre temos tempo para dar toda esta atenção para as pessoas. Então, em que situações nós devemos nos dedicar a dar a poderosa "Resposta Ativa Construtiva"? Quando você quiser demonstrar as pessoas e assuntos que são importantes para você e sua equipe.

"É por meio do tipo de resposta que damos às pessoas que nós demonstramos na prática os assuntos e as pessoas que valorizamos, criando diariamente a verdadeira ***cultura da empresa.****"*

De fato, devido à minha atuação como palestrante profissional, especialista em gestão com propósito, tenho a oportunidade de visitar inúmeras empresas e ver belíssimas declarações de Missão, Visão e Valores, em suas paredes. Mas é por meio do tipo de resposta que damos às pessoas que nós demonstramos na prática os assuntos e as pessoas que valorizamos, criando diariamente a verdadeira cultura da empresa.

Portanto, preste atenção ao tipo de resposta que você está dando aos assuntos e às pessoas importantes para você. Pois, quando se sentem compreendidas, as pessoas tendem a agir de forma muito mais aberta e colaborativa.

Agora, você se lembra da diferença entre entender e concordar?

O nosso 1º Elo do Engajamento, o Envolvimento, reúne todos os esforços da liderança em entender e fazer as pessoas sentirem-se entendidas. Mas, e quando precisamos discordar e gerenciar os conflitos que surgem quando as pessoas têm pontos de vistas diferentes? Este é o foco de atuação do nosso próximo elo.

2º ELO - Comprometimento (Negociar)

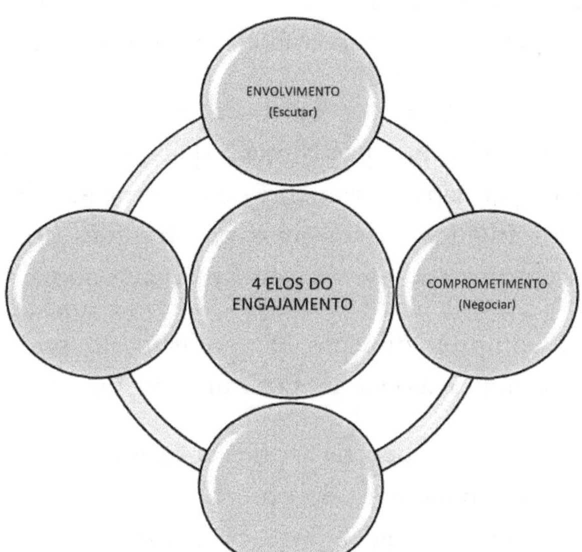

Figura 8 – 2º Elo do Engajamento – Comprometimento.

Sabe aquela tensão que surge quando precisamos discordar de uma pessoa, mas não sabemos como fazer isso da melhor forma?

Afinal, muitas vezes, essas conversas acabam terminando em uma discussão, ou com a pessoa fingindo que concorda, mas, na prática, você sente que tudo que foi falado entrou por um ouvido e saiu pelo outro.

Se você se identificou com as situações acima, então está na hora de se aprimorar na "difícil arte de conduzir conversas difíceis", que fundamenta o nosso 2º Elo, o Comprometimento, que tem como verbo essencial: Negociar.

Este elo tem como princípio a ideia de que: "A imposição gera RESISTÊNCIA, o comprometimento gera AUTONOMIA".

A gestão baseada no modelo de comando e controle, tem se mostrado cada vez menos efetiva, em um mercado de trabalho dinâmico, que requer colaboradores qualificados e dotados de discernimento, para trabalharem com competência e autonomia.

Neste contexto, aquilo que é meramente imposto tende a gerar rebeldia e resistência. Ao passo que, quando as pessoas têm a oportunidade de participar ativamente de um processo de negociação, elas conseguem entender os motivos por trás das decisões que as impactam, comprometendo-se de forma mais autônoma.

A palavra comprometimento tem origem no termo em latim *compromissus*, que indicava o ato de fazer uma promessa recíproca.

Isto é o que, em tese, deveria acontecer quando entramos em uma organização. Um alinhamento de expectativas no qual o líder deixa claro o que se espera do liderado e este, por sua vez, combina os recursos que necessitará para cumprir com as suas responsabilidades (incluindo a remuneração desejada).

O desafio é que nem sempre o "acordo" é estabelecido de forma clara e justa entre as partes. Além disso, conforme a organização e as pessoas evoluem, as expectativas de ambas as partes vão se transformando, isto demanda negociação e comunicação constantes, para manter estes acordos justos, de forma que todos envolvidos continuem comprometidos.

Chega a ser um clichê falar sobre a importância da comunicação assertiva para o sucesso das organizações. Ainda assim, este é um dos maiores desafios enfrentados no cotidiano organizacional.

Portanto, vamos dedicar um espaço aqui para tratar do desenvolvimento das habilidades de comunicação e negociação para que os líderes consigam despertar o engajamento em suas equipes.

Comunicação Assertiva

Vamos estabelecer que a Comunicação Assertiva possui 3 bases:

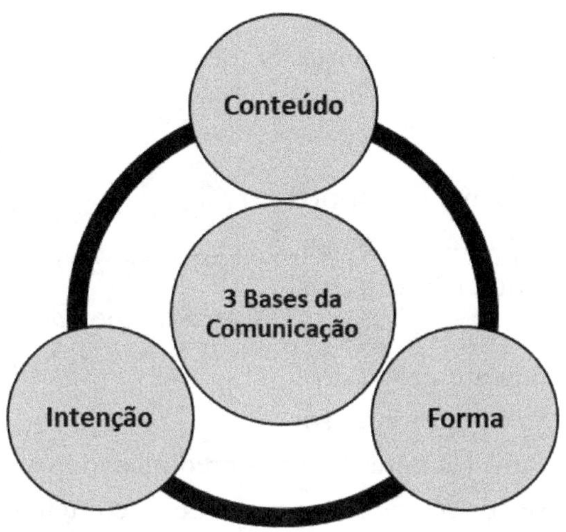

Figura 9 – As 3 Bases da Comunicação Assertiva.

1) Conteúdo

Você provavelmente já se deparou com aquela pessoa muito segura das suas verdades, que sai disparando as suas opiniões a torto e a direito, doa a quem doer. O famoso *sincericida*, que usa da sinceridade absoluta e total no momento errado, no lugar errado, da forma errada, para a pessoa errada, deixando rastros de discórdia por onde passa.

Outra figura nociva é o fofoqueiro, que sequer se dá ao trabalho de validar as informações que recebe antes de repassá-las, nem avalia os impactos das notícias que propaga.

Para não correr o risco de praticar estes e outros tipos de comunicação irresponsável, recomendo que antes de se expressar, você verifique se o que está prestes a dizer passa pelo crivo dos **3 Filtros Socráticos**:

Verdade – o que te faz acreditar nesta ideia? Quais são as provas?

Bondade – qual é a sua intenção ao dizer isso: contribuir ou prejudicar?

Utilidade – existe algo que a pessoa possa fazer com esta informação?

"Fake não é só a mentira contada, às vezes é a forma como se constrói uma verdade."
Tatiana Livramento

Para manter o meu próprio compromisso com a verdade, preciso te alertar que não existem registros de que estes filtros tenham sido realmente propostos por Sócrates, provavelmente só atribuíram o nome a ele para dar mais credibilidade. Ainda assim, eles são poderosos para nos certificarmos que o conteúdo que estamos prestes a propagar serão contribuitivos.

Estes filtros me ajudaram a resolver situações bem complicadas ao longo da minha vida, como a vez em que meus colegas de trabalho se juntaram para reclamar e fazer piadas sobre um tenente que trabalhava na mesma sala que nós e que, mesmo tomando banho, cheirava muito mal após os treinamentos físicos.

Eu fiquei bastante incomodado com a situação, primeiro porque, como de costume, a fofoca estava sendo feita pelas costas do tal tenente, além disso ele era um exímio profissional, do qual eu gostava muito e o pior de tudo: ele realmente fedia.

Este é um exemplo no qual os 3 Filtros Socráticos me ajudaram na preparação para uma conversa difícil. Afinal, era **verdade** que ele cheirava mal. Porém, meus colegas falhavam com a **bondade** ao ficar falando pelas costas dele. Mas, como eu poderia ser bondoso com ele, comigo e com os demais, ao conversar sobre o mal cheiro, sem que isso soasse como um insulto? É aí que entrou a **utilidade**. Me dei conta que ele talvez não soubesse que poderia resolver este problema com o auxílio de um dermatologista, disponível no nosso plano de saúde. Então, pesquisei algumas opções de profissionais, criei coragem e gentilmente fui conversar com ele em particular.

Em um primeiro momento ele ficou surpreso e constrangido, pois ele mesmo não sabia que cheirava tão mal. Porém, reconhecendo a minha boa intenção e a minha lealdade de falar diretamente com ele, meu colega saiu da conversa decidido a visitar um dermatologista para resolver o problema. O resultado desta nossa conversa difícil é que ele parou de passar vergonha e nós resolvemos o problema do mau cheiro na sala.

A reflexão prévia sobre o conteúdo foi muito importante neste caso, porém outra parte fundamental para o sucesso desta conversa foi a forma.

2) Forma

Conta a história, que certa vez um Rei teve um pesadelo muito perturbador. Como neste reino os sonhos eram tidos como presságios, assim que o Rei acordou, ele convocou um dos seus conselheiros para ajudá-lo a interpretar o que sonhara.

Após ouvir o relato do pesadelo, este conselheiro olhou preocupado para o Rei e disse:

- Majestade, tenho péssimas notícias. Este pesadelo significa que o senhor verá todas as pessoas importantes da sua vida morrerem.

- Como você ousa me dizer uma coisa terrível dessas! – esbravejou o Rei – Tirem este homem insolente daqui e lhe deem 10 chicotadas, para que aprenda a nunca mais proferir este tipo de blasfêmia.

O Rei, então, convocou um de seus ministros, relatou o pesadelo novamente e desta vez o ministro (que tinha presenciado toda cena com o conselheiro) respondeu alegremente:

- Majestade, que ótima notícia! Este sonho significa que o senhor viverá muito mais que todas as pessoas que conhece!

Satisfeito com esta excelente notícia, o Rei decidiu presentear o ministro com 10 moedas de ouro.

Eis que o conselheiro chicoteado ficou indignado e foi tirar satisfação com o ministro presenteado:

- Como pode? Eu falo a verdade e recebo 10 chicotadas, enquanto você fala a mesmíssima coisa e recebe 10 moedas de ouro?

Então, o sábio ministro respondeu pacientemente:

- Caro conselheiro, a verdade é como um diamante. E como uma pedra preciosa, merece ser lapidada, embalada e entregue com muito carinho. Pois, se for arremessada na cara das pessoas, o que elas receberão é uma pedrada.

"E pensar que tem quem busque apenas o eco das suas palavras"
Andréa Cordoniz

Esta fábula, que chegou ao meu conhecimento através da ilustríssima Profª Lúcia Helena Galvão, da Nova Acrópole, demonstra a importância de nos atentarmos à forma com a qual nos comunicamos. O tom de voz, os gestos, a escolha cuidadosa das palavras, tudo isso tem grande influência no impacto que nossa comunicação irá causar.

Conteúdo e forma são as partes da comunicação às quais seu interlocutor terá acesso e é com base nelas que ele irá interpretar o terceiro fator essencial da comunicação, a sua intenção.

3) Intenção

"Até você se tornar consciente, o inconsciente irá dirigir sua vida e você vai chamar isso de destino" – Carl Jung.

Quando nos expressamos sem ter consciência da nossa intenção, reduzimos drasticamente as chances de chegarmos a um resultado desejável.

Para compreendermos melhor as nossas intenções e as dos outros a palavra-chave é a Empatia. Você já deve ter aprendido que "Empatia é a habilidade de se colocar no lugar do outro", certo?

Errado!

Calma, você não errou sozinho, alguém te ensinou isso e para repensarmos este conceito, permita-me compartilhar uma história adaptada da fábula do macaco, narrada pelo escritor moçambicano Mia Couto.

Certo dia, quando era apenas um filhote, um macaquinho estava atravessando a floresta nas costas dos seus pais.

A viagem ia bem, até que eles precisaram atravessar um rio e ao saltar entre duas árvores distantes, o macaquinho escorregou das costas do pai, caiu na água e começou a se afogar.

Você sabe que para quem está se afogando, segundos duram uma eternidade. Então, mesmo sendo rapidamente resgatado pelo pai, o macaquinho traumatizado decidiu que nunca mais entraria na água na vida.

Ele cresceu, virou adulto, os anos passaram e ele nunca mais entrou na água na vida. Pensa num macaquinho fedido! Mas vivo.

E as coisas iam bem, até que um dia, a floresta pegou fogo. Foi um Deus nos acuda, os animais correndo para todos os lados, tentando salvar-se do incêndio.

Em meio a esta fuga desesperada o macaco acabou chegando justamente na beira do rio. Decidido a nunca mais entrar na água ele escalou as árvores, para atravessar por cima. Porém, lá do alto ele fez aquilo que quem está com medo de altura jamais deveria fazer: Olhou para baixo.

Ao olhar para o rio ele viu um animalzinho se afogando como ele, quando era filhote. Dividido entre o trauma e a compaixão, nosso bondoso macaco acabou saltando no rio para salvar este animalzinho, que nós chamamos de Peixe!

Pois é, o macaco não sabia o que era um peixe, ele nunca chegava nem perto do rio. E você sabe que os peixes pulam e se sacodem quando tirados da água, certo? Os macacos pulam igualzinho, quando estão felizes e agradecidos.

Achando que aquilo era um sinal de felicidade e gratidão, o macaco deixou o peixe gentilmente longe do rio e foi embora. E foi assim que o peixe morreu, porque o macaco "se colocou no lugar do outro".

É muito comum vermos este mesmo erro sendo repetido nas organizações, quando líderes observam seus subordinados e dizem: "Quando eu estava no lugar deles, eu trabalhava muito melhor, era mais comprometido, etc."

Há quem ache que devemos tratar aos outros como nós gostamos de ser tratados, quando na verdade precisamos tratar os outros como eles preferem ser tratados. Pois note que você tem experiências, habilidades e necessidades diferentes, do outro. Portanto, comparar você no lugar do outro não é Empatia e sim Julgamento.

Existem diversas definições para empatia, a mais poderosa com a qual eu tive contato é a proposta por Marshall Rosenberg[19], idealizador da CNV (Comunicação Não-Violenta): "Empatia é o esforço respeitoso de entender o outro no lugar dele."

Perceba que, de acordo com esta definição, a empatia requer esforço, para sairmos da nossa posição instintiva de julgamento e buscarmos respeitosamente entender o outro no lugar dele.

Este esforço requer, dentre outras atitudes, parar de tentar adivinhar a intenção do outro e passar a perguntar. Exercendo uma escuta ativa, conforme proposto no 1° Elo – Envolvimento.

Porém, você se recorda da diferença de **entender** e **concordar**, que ilustramos com o **Método 4C de Gestão de Conflitos**?

Depois de todo nosso esforço em entender o outro e fazê-lo sentir-se entendido, chega a hora de praticarmos o 2º Elo – Comprometimento, no qual expressamos as nossas concordâncias e discordâncias, para alinharmos nossas intenções e expectativas, por meio da negociação.

"A comunicação não violenta é
um processo profundo
de autoconhecimento."

Renata Jurema Vieira

Técnica das 5 Mensagens

Uma ferramenta de negociação bastante efetiva, baseada na CNV e aprimorada por Dennis Rivers[20], é a **Técnica das 5 Mensagens**, que nos ensina a transformar reclamações em pedidos, seguindo este roteiro:

1. **Fatos** - o que você viu, ouviu ou percebeu? (somente fatos)
2. **Sentimentos -** como você se sentiu? (fale de você e não do outro)
3. **Necessidades** - seus sentimentos surgem de quais necessidades?
4. **Pedido** - qual ação específica você necessita desta pessoa?
5. **Vantagens** - quais serão os resultados positivos se a pessoa aceitar?

Note que uma boa negociação requer entendermos com clareza as nossas próprias intenções. Para isso, a CNV orienta que pratiquemos a auto empatia. Observando os fatos, percebendo como nos sentimos e quais necessidades nossas despertaram estes sentimentos. Para conseguirmos fazer um pedido específico e vantajoso para ambas as partes.

Vejamos um exemplo: Imagine que você depende que um colega entregue a parte dele de um relatório, para você finalizá-lo com a sua parte e entregar para o chefe de vocês, mas o colega atrasou a entrega da parte dele.

Em uma situação como esta, existem aquelas pessoas que irão reagir de forma **Agressiva**, ameaçando o colega, mandando um e-mail com o chefe do chefe em cópia e outras estratégias que podem até funcionar em curto prazo, mas irão arruinar a relação de trabalho no longo prazo.

Tem também aqueles que, buscando evitar conflitos e agir de forma colaborativa, se prontificam a fazer a parte do colega. Essa estratégia pode funcionar em ocasiões excepcionais, mas caso você adote esta postura **Passiva** frequentemente, o trabalho do colega passará a ser seu.

Perceba agora como a Técnica das 5 mensagens permite que você se comunique de forma **Assertiva**, expressando a sua discordância e fazendo um pedido de forma respeitosa:

5 Mensagens	Exemplo
Fato	Quando eu vi que o relatório que eu lhe solicitei ainda não estava pronto.
Sentimento	Eu fiquei muito frustrado, irritado e desapontado.
Necessidade	Porque eu dependo da sua entrega para conseguirmos cumprir o prazo com o nosso chefe.
Pedido	Então, eu preciso que você me entregue o relatório ainda hoje, até às 16h.
Vantagens	Para que nós dois consigamos cumprir o prazo prometido, pois o nosso chefe depende destas informações para a reunião dele amanhã. Que horas você consegue me entregar?

Quadro 3 – Exemplo de Técnica das 5 Mensagens.

A abordagem começa pelos **fatos**, pois como a sabedoria popular já nos ensina "contra fatos não há argumentos", ou seja, nesta etapa não cabem opiniões de ambas as partes. E caso haja algum mal-entendido é mais fácil esclarecer começando pelos fatos.

Muitas pessoas me questionam qual é a necessidade de expressarmos **sentimentos** dentro do ambiente de trabalho. Você se lembra que a empatia é "o esforço de entender o outro no lugar dele"? Pois bem, ao relatar como se sente você está ajudando o outro a te entender no seu lugar.

É por isso, também, que explicamos as nossas **necessidades** não atendidas que despertaram esses sentimentos. Pois aquilo que é extremamente importante para você, pode não ser prioridade para o outro e vice-versa. Esclarecer seus sentimentos e necessidades convida o outro a uma posição de empatia, para que ele consiga rever suas prioridades.

Esses 3 primeiros itens servem para que a pessoa entenda a sua situação e esteja mais aberta a receber o **pedido** específico que você necessita que ela atenda.

"O que não é dito, não é combinado"
Patricia Capeluto

É muito importante que o pedido seja específico, pois pedidos genéricos reduzem a chance de você conseguir atender as suas necessidades. Exemplo: Se você pedir para a pessoa entregar "o quanto antes". Quando é o quanto antes? Para você que está pedindo, seria para ontem e para a pessoa que está sobrecarregada, seria melhor nem fazer. Por isso, no nosso exemplo, estabelecemos o prazo de entrega das 16h, para que a pessoa possa avaliar e nos dizer se o novo prazo é viável.

Finalizamos a nossa mensagem de forma persuasiva, elencando as **vantagens** que ambos os lados terão caso a pessoa atenda seu pedido.

Uma dica poderosa é encerrar o seu pedido com uma **pergunta aberta**, que permita que o outro lado reflita sobre o seu pedido e responda se conseguirá atendê-lo da forma como você solicitou, ou se precisará fazer algum ajuste.

Perceba que com esta técnica você conseguirá realizar seus pedidos de forma assertiva, mantendo um diálogo aberto e respeitoso.

Até aqui tudo bem, certo? Então, vamos subir o nível do desafio e experimentar a tal da Empatia na prática?

Vamos continuar com o mesmo exemplo, mas iremos inverter os papeis: Você agora é o colega que atrasou o trabalho.

O que o seu colega não sabia, enquanto lhe cobrava pelo atraso, é que você começou a trabalhar no relatório, mas inesperadamente o chefe de vocês dois te convocou para fazer outro trabalho urgente. Você até tentou alertá-lo sobre o relatório, mas seu chefe além de te dizer para largar tudo, também lhe alertou que precisará da sua ajuda até às 18h. Ou seja, você não vai conseguir entregar o relatório às 16h como seu colega lhe pediu.

Como discordar do pedido do colega, sendo que você já está atrasado? Usando a Técnica das 5 Mensagens, escreva abaixo como você responderia:

5 Mensagens	Exemplo	Sua Resposta
Fato	Quando eu vi que o relatório que eu lhe solicitei ainda não estava pronto.	
Sentimento	Eu fiquei muito frustrado, irritado e desapontado.	
Necessidade	Porque eu dependo da sua entrega para conseguirmos cumprir o prazo com o nosso chefe.	
Pedido	Então, eu preciso que você me entregue o relatório ainda hoje, até às 16h.	
Vantagens	Para que nós dois consigamos cumprir o prazo prometido, pois o nosso chefe depende destas informações para a reunião dele de amanhã. Que horas você consegue me entregar?	

Quadro 4 – Exercício da Técnica das 5 Mensagens.

Estruturar uma resposta assertiva na prática, não é tão simples quanto parece, não é mesmo?

Este é mais um motivo pelo qual as pessoas optam por comportamentos Agressivos ou Passivos, eles são mais simples e instintivos do que agir de forma Assertiva. O problema são as sequelas que eles causam no longo prazo.

A Assertividade é uma habilidade e, portanto, requer treino. O que torna todo este esforço válido é que a Comunicação Assertiva melhora seus resultados no curto prazo, ao mesmo tempo que evita os prejuízos no longo prazo. Acompanhe no quadro abaixo, uma das formas possíveis de discordar de forma assertiva:

5 Mensagens	Exemplo	Resposta
Fato	Quando eu vi que o relatório que eu lhe solicitei ainda não estava pronto.	Entendo que você esperava que o relatório já estivesse pronto. Eu também falhei em não lhe avisar que iria atrasar.
Sentimento	Eu fiquei muito frustrado, irritado e desapontado.	E que você ficou muito frustrado, irritado e desapontado. Inclusive eu fique muito ansioso e envergonhado.
Necessidade	Porque eu dependo da sua entrega para conseguirmos cumprir o prazo com o nosso chefe.	Pois sei, você depende do meu trabalho para cumprirmos o prazo e eu não gosto de falhar com meus compromissos.
Pedido	Então, eu preciso que você me entregue o relatório ainda hoje, até às 16h.	Porém, eu estou sobrecarregado com outro projeto que nosso chefe pediu e só vou conseguir te entregar amanhã às 9h.
Vantagens	Para que nós dois consigamos cumprir o prazo prometido, pois o nosso chefe depende destas informações para a reunião dele de amanhã. Que horas você consegue me entregar?	Assim, eu lhe garanto que montarei o relatório com todas as informações necessárias, para que a reunião seja um sucesso. O que você me diz?

Quadro 5 – Gabarito para o Exercício da Técnica das 5 Mensagens.

Uma dica poderosa ao responder, é validar o que o outro te disse, fazendo com que ele se sinta entendido, antes de você expor o seu lado, como você pode observar no exemplo acima.

Como este é um processo de negociação, é muito provável que o diálogo se desdobre em mais algumas rodadas até chegar a um acordo viável para ambas as partes.

É preciso considerar também a possibilidade de que, mesmo após esgotarem as propostas de solução, as partes não consigam chegar a um acordo. Este seria o momento adequado de juntos conversarem com o chefe e buscarem apoio, para encontrarem novas alternativas que resolvam o conflito.

Vale destacar que nem sempre será possível chegar a um consenso, no qual todos ficarão satisfeitos com as soluções propostas. Aqui entra um papel fundamental da liderança de tomar decisões e assumir os riscos, após ouvir as partes envolvidas.

Por isso, o 2º Elo do Engajamento, o Comprometimento, convida os líderes a conduzirem essas conversas difíceis, gerenciando e solucionando os conflitos, para construir acordos, nos quais as partes compreendam e se comprometam com os sacrifícios necessários para trabalharem em equipe.

Neste momento, pode ser necessário convidar os membros da equipe, que apresentaram ideias divergentes, a "Rasgarem o Samba": A história conta que, para criar um samba enredo, que unifique toda a escola de samba para o carnaval, os compositores escrevem as suas canções e apresentam-nas a uma banca. Depois que a banca vota e escolhe a vencedora, os perdedores devem rasgar as suas canções na frente de todos, para eliminar as dissidências e unir os esforços em prol do sucesso da escola de samba.

Mas e quando o líder se empenha em escutar as pessoas (1º Elo), negociar (2º Elo) e depois de todo este esforço as pessoas agem diferente do que foi combinado?

Esta é a hora que líderes menos experientes acabam desanimando, perdendo a crença nas pessoas e retroagindo para o limitado modelo de comando e controle, pois ignoram que existe um 3º Elo necessário para manter as pessoas engajadas: o Desenvolvimento.

3º ELO - Desenvolvimento (Encorajar)

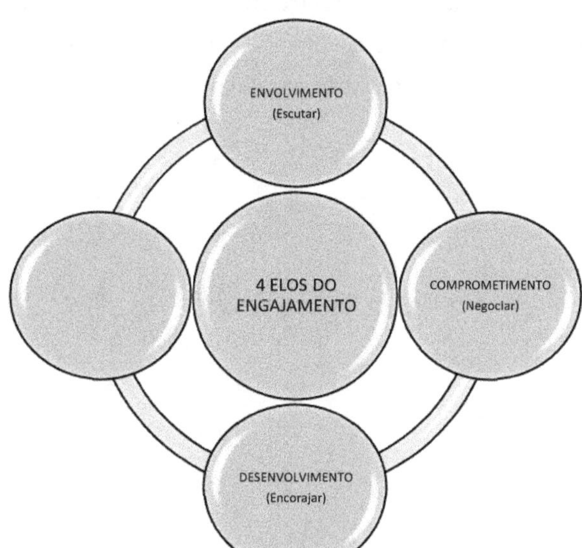

Figura 10 – 3º Elo do Engajamento – Desenvolvimento.

O verbo fundamental do desenvolvimento é **encorajar**. Então, precisamos começar este capítulo deixando bem clara a diferença entre Encorajar e Elogiar. Embora os elogios sejam parte importante do reconhecimento e das conversas de feedback, eles são somente parte do processo de encorajamento, que envolve também orientar as pessoas quando elas se desviam do caminho.

Propor que o 3º elo é o Desenvolvimento chega a soar filosófico, pois começamos a nossa jornada dos 4 Elos com o Envolvimento e agora chega o momento de trabalharmos o "Des-envolvimento". Para entendermos esta analogia, imagine uma semente, que vem com uma casca que a envolve. Enquanto o envolvimento traz a ideia de proteção e acolhimento, o desenvolvimento diz respeito ao esforço necessário para romper com esta casca, com o solo, com o conforto, para que a semente possa florescer.

O papel do líder também começa com o envolvimento, que permite compreender potenciais, necessidades e limitações de cada colaborador, para depois progredir para o desenvolvimento, proporcionando os desafios e o suporte para que os talentos floresçam e as pessoas estejam em constante evolução.

Vontade x Capacidade

O problema deste processo de desenvolvimento é que muitas vezes surge um abismo, entre combinar uma coisa e conseguir realizá-la.

Quem já prometeu para si mesmo que iria emagrecer, começando aquela dieta na segunda-feira, só para acabar se entregando a uma pizza antes da próxima segunda, sabe do que eu estou falando. O mesmo se aplica para planos como: ir à academia, estudar e melhorar hábitos em geral.

Se formos muito sinceros, perceberemos que, por vezes, enfrentamos desafios imensos para cumprir as promessas que fazemos para nós mesmos, o que dizer das que fazemos para os outros.

Claro que existem pessoas mais responsáveis, que vão até as últimas consequências para arcar com aquilo que se comprometem. Isso é um traço de caráter admirável, mas mesmo estas pessoas não estão isentas de sofrerem contratempos, que as impeçam de cumprir o que foi combinado.

Estes obstáculos entre o acordo e a execução podem enquadrar-se em duas categorias: **Vontade** e **Capacidade**.

Às vezes superestimamos a nossa **capacidade** para realizar uma tarefa, achando que ela é mais simples ou que levará menos tempo do que efetivamente acaba demandando. Um dos motivos para isso é o famoso Efeito Dunning-Kruger, que ocorre ao fazermos algo novo:

Figura 11 – Efeito Dunning-Kruger.

Quando ocorre o efeito acima, a nossa inexperiência pode nos levar a cometer erros ao estimar o tempo e esforço que uma atividade necessitará. Além disso, precisamos levar em conta, o nosso processo de aquisição de novas competências, conforme proposto por Robert Dilts:

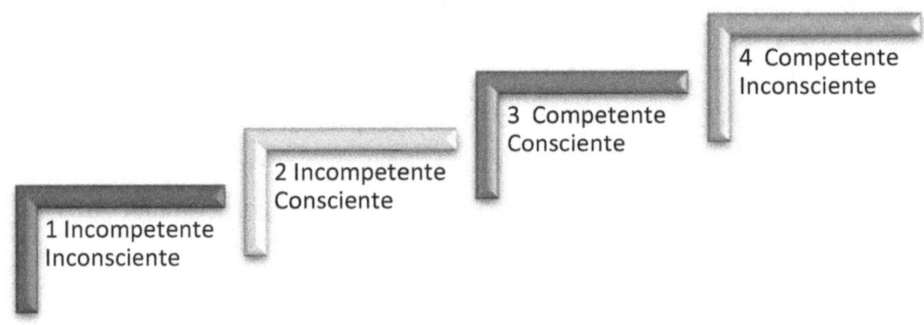

Figura 12 – Fases do Aprendizado, adaptado de Robert Dilts.

Em resumo, quando fazemos uma tarefa pela primeira vez (Fase 1), não temos sequer consciência do tamanho da nossa incompetência para realizá-la. Lembra-se de quando tentou dirigir, cozinhar ou tocar um instrumento pela primeira vez? Parecia bem mais fácil ver os outros fazendo, não é? Conforme vamos praticando, passamos a identificar o que precisamos aprender para nos tornarmos competentes (Fase 2). Depois de certo nível de prática já somos competentes para realizar a tarefa, mas ela ainda demanda bastante atenção e esforço, para não cometermos erros (Fase 3). Por fim, estamos tão habituados e hábeis na nova tarefa que conseguimos realizá-la de forma automática (Fase 4).

Se o desafio estiver na capacidade do liderado, o líder precisará treiná-lo, ou designar alguém competente para isso. Existem livros e cursos inteiros dedicados a ensinar como estruturar processos de T&D (Treinamento e Desenvolvimento). Apesar deste não ser o foco deste capítulo, veja um roteiro básico, em 4 Etapas, para ensinar uma nova tarefa:

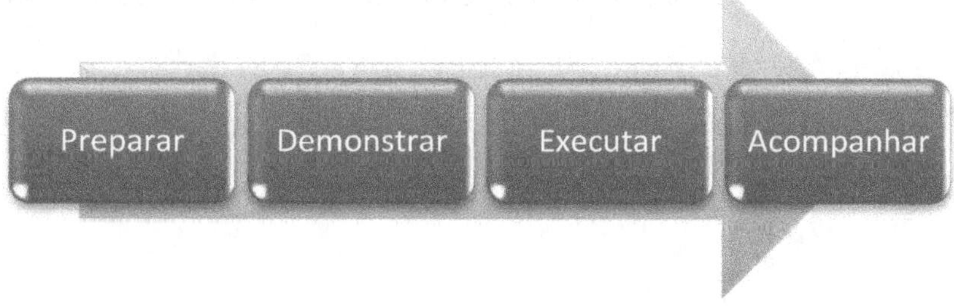

Figura 13 – Roteiro de Treinamento em 4 Etapas.

1. **Preparar** – O treinador apresenta e explica brevemente a tarefa.
2. **Demonstrar** – Treinador faz a tarefa e o colaborador observa.
3. **Executar** – O colaborador realiza a tarefa e o treinador observa.
4. **Acompanhar** – Continuar observando e orientando o colaborador, enquanto ele incorpora a nova tarefa em sua rotina.

Por mais óbvio que pareça o roteiro acima, muitos colaboradores sentem-se perdidos, pois seus líderes não dedicam o tempo adequado para capacitá-los, esperando que eles se virem sozinhos para aprender, gerando vícios e aprendizados equivocados.

Caso o obstáculo seja a **vontade** do liderado, o problema costuma ser mais complexo, pois pode estender-se além da motivação do próprio trabalhador, que poderia ser tratada em orientações individuais. Por vezes, o colaborador também encontra barreiras na vontade e na pressão do grupo no qual ele está inserido. Outras vezes está sobrecarregado, ou não tem os recursos necessários para cumprir a tarefa.

Entender quais foram os desafios que impediram a pessoa de realizar o seu trabalho e desenvolvê-la para superar estes desafios, é um papel primordial do líder no Encorajamento da sua equipe, pois como diria Brené Brown, em seu livro "A Coragem para Liderar"[21]:

> *"Os líderes precisam dedicar uma quantidade razoável de tempo para lidar com medos e sentimentos, ou vão desperdiçar uma quantidade exorbitante de tempo tentando gerenciar comportamentos ineficientes e improdutivos."*

O Desafio da Motivação

"Isto é um absurdo! Então quer dizer que, além de pagar um salário, eu ainda preciso encorajar as pessoas a fazerem o seu trabalho?"

Quem pensa deste jeito, provavelmente ainda não entendeu os princípios mais básicos da motivação humana, que Maslow já propunha desde 1943 com a sua famosa Hierarquia das Necessidades (popularizada como Pirâmide de Maslow) e que passou por constantes evoluções e questionamentos[22]: como a teoria dos dois fatores de Hezberg, as necessidades adquiridas de McClelland, as expectativas de Vroom, apenas para citar alguns exemplos.

Estes avanços resultaram em descobertas mais recentes como as de Daniel Pink, em seu livro Motivação 3.0[23], uma obra repleta de casos empresariais e estudos acadêmicos, que propõe que a motivação nas organizações passa por 3 estágios.

Motivação 1.0 - Sobrevivência

A sua equipe alcança este primeiro nível motivacional, quando a sua empresa proporciona os fatores básicos de sobrevivência: alimento, abrigo, segurança, dinheiro e tudo mais que faz parte dos dois primeiros degraus da Hierarquia das Necessidades de Maslow (Fisiologia e Segurança).

Se a sua empresa não oferecer estas condições mínimas, as pessoas rapidamente abandonarão a sua organização, ou passarão a compor o conjunto de desengajados, que lutam contra o seu negócio.

Porém, ao fornecer somente esses estímulos, o nível de engajamento tende a ser muito baixo, com as pessoas entregando o mínimo de resultados possível para manterem-se empregadas. Com isso, a empresa torna-se um ambiente no qual impera a mediocridade.

Para superar esta condição, um conjunto de técnicas motivacionais mais refinadas começou a ganhar força a partir do surgimento da Administração Científica, com as contribuições de Taylor, Fayol, Ford e outros nomes célebres da gestão, que nos levaram ao estágio seguinte da motivação.

Motivação 2.0 - Cenoura e Chicote

Já notou o quanto as pessoas são influenciadas por recompensas e punições?

No dia a dia das empresas, essa influência é exercida com políticas de feedbacks, remuneração variável e outros estímulos, que atendem aos níveis "Social" e "Estima" propostos por Maslow.

As práticas estruturadas de feedback (Motivação 2.0), vão levar a sua organização a ter resultados muito superiores aos das empresas que garantem apenas a sobrevivência de seus colaboradores (Motivação 1.0). Se você quer aprender a praticar feedbacks com excelência, recomendo o livro "Preciso saber se estou indo bem!", de Richard Williams[24].

Porém, com o tempo, você passará a perceber os limites deste modelo, em relação à efetividade no engajamento, pois ele baseia-se em fatores motivacionais extrínsecos (aqueles que surgem de fora para dentro da pessoa), fazendo com que a equipe dependa excessivamente dos seus estímulos para entregar resultados.

Isso pode gerar dois efeitos perigosos: dependência e habituação.

- **Dependência** - as pessoas ficam viciadas nos estímulos externos, que você fornece e vão reduzindo a sua capacidade de realizar iniciativas por motivação própria (intrínseca). Isso desestimula a criatividade, a proatividade e pode até reforçar comportamentos antiéticos, em busca de recompensas de curto prazo, que colocam em risco os resultados maiores e melhores a médio e longo prazo.

- **Habituação** - assim como em grande parte dos vícios, os fatores extrínsecos, fazem as pessoas precisarem de estímulos cada vez maiores, para gerar resultados cada vez menores. Note como os aumentos de salários, inicialmente percebidos como uma recompensa, passam a ser considerados uma mera obrigação da empresa, como o passar do tempo.

Isso não significa que a Motivação 2.0 seja totalmente ineficaz, não há como negar os resultados conquistados por meio dela ao longo do século XX. Quando havia uma predominância de trabalhos repetitivos e padronizados, no modelo industrial clássico.

A questão não é "se estas práticas são efetivas para você engajar seu time", e sim "como fazê-las funcionar melhor, considerando a realidade do século XXI?" É neste contexto, que floresce o modelo de Motivação 3.0

Motivação 3.0 - O Tripé da Motivação

"Para aumentar o engajamento do seu time, o segredo é promover a motivação intrínseca"

Fiquei espantado nos meus tempos de faculdade, quando um professor me contou que, em suas consultorias, ele encontrou uma empresa onde o gestor obrigava as pessoas a virem até a sua mesa, quando queriam ir ao banheiro, para pedirem permissão. E mais! Este gestor, então, retirava um rolo de papel higiênico de sua gaveta, enrolava uma pequena quantidade em suas mãos, entregava ao funcionário e dizia: "Vê se volta logo, hein!?", em tom ameaçador.

Com isso, você já consegue imaginar o nível de desempenho e engajamento dos empregados desta empresa, certo?

O que me assombra nesta história é: como essa empresa conseguia sobreviver nestas condições? Porque isso pode nos levar a um pensamento perigoso de: "se este negócio sobreviveu fazendo isto, é porque funciona".

Então, pense por outro lado: Será que esta empresa poderia ser muito maior e melhor, se aprimorasse as suas práticas de gestão de pessoas?

As descobertas de Daniel Pink, reforçadas pelos autores e empresas que embasam seus estudos, comprovam que sim.

Para você aumentar o engajamento do seu time, o segredo está em promover motivação intrínseca (de dentro da pessoa para fora), utilizando o tripé da Motivação 3.0: **Propósito, Autonomia e Excelência.**

Figura 14 – Motivação 3.0, adaptado de Daniel Pink.

Propósito

"Comece pelo porquê", já dizia Simon Sinek[25], um dos maiores contribuidores para o surgimento da gestão com propósito, em seu famoso TED Talk: "Como grandes líderes inspiram a ação"[26].

Começar pelo "porquê", faz com que você evite um erro comum que os líderes cometem: eles focam somente em comunicar "o quê" deve ser feito ou, quando muito, explicam "como" esperam que atividade seja realizada, mas raramente deixam claro o "porquê", o propósito, a razão que torna esta atividade realmente importante.

Se você quer inspirar e engajar o seu time, a primeira coisa que você precisa fazer é rever a forma como você se comunica.

"Se você quer pessoas realmente apaixonadas pelo que realizam, você terá que se comunicar com a parte emocional da mente humana."

O motivo para isso, está em como a nossa mente funciona. Explicando de forma simplificada, quando falamos "o que" e "como", estamos nos comunicando com a parte racional e analítica do cérebro (Neocórtex), que é fundamental para a organização e execução de tarefas, mas que é apática por definição (a páthos = sem paixão). Em Psicologia, a apatia é caracterizada por um estado de indiferença, perante as pessoas ou os acontecimentos. Isto explica por que as pessoas respondem com tamanha indiferença, quando lhes falamos somente o que deve ser feito.

Portanto, se você quer pessoas realmente apaixonadas pelo que realizam, você terá que se comunicar com a parte emocional da mente humana (Sistema Límbico), pois são as emoções que realmente nos movem, nos inspiram e nos motivam.

As decisões são tomadas principalmente de forma emocional, para depois a parte racional justificar a decisão que foi tomada, organizá-la e executá-la. Quando você começa pelo porquê, você se comunica diretamente com a parte emocional da tomada de decisão.

Então, da próxima vez que for orientar um colaborador, responda antes estas perguntas:

Por quê?	Como?	O quê?

Quadro 6 – Comece Pelo Porquê.

Ao conversar com seu colaborador, comece explicando o "porquê": de que forma essa atividade irá contribuir com a equipe, com a organização, com os clientes e com ele próprio? Quais serão os impactos gerados pelas suas ações? (positivos em caso de sucesso e negativos em caso de insucesso).

Quando os motivos para agir estiverem claros, chega a hora de dialogar sobre "como" as atividades serão realizadas: apresente suas ideias e pergunte-lhes sobre seus pontos de vista, a visão complementar de quem executa a atividade é fundamental para chegarmos a melhores decisões sobre "o quê" deve ser feito.

Para superar este desafio de "começar pelo porquê", também é fundamental que o propósito organizacional esteja claro. Ele é a grande razão de existir da empresa, a causa maior à qual ela se dedica, em resumo, as suas contribuições, impactos e qual é o papel de cada pessoa nesta empreitada.

Essa clareza é fundamental para o engajamento da equipe, pois você não vai conseguir inspirar ninguém dizendo: "Eu quero que vocês trabalhem muito, para que a empresa tenha mais lucros".

Se você deseja ter mais clareza do propósito do seu negócio e descobrir como desdobrá-lo em ações estratégicas, acompanhe mais à frente, no capítulo sobre Gestão com Propósito, como conduzir um Workshop Estratégico de Propósito, baseado em outro livro do Simon Sinek chamado "Encontre seu porquê"[27].

Assim como em toda receita, o sucesso deste workshop também depende da maestria de quem o executa, então, caso necessite do meu apoio na condução deste evento, será uma satisfação imensa contribuir com o seu sucesso.

Vale alertar, também, que o mandamento é: "Comece pelo porquê" e não "Descubra o seu porquê e o resto está resolvido".

Após a descoberta do propósito organizacional e inspiração dos membros do seu time, inicia-se uma importante jornada de estabelecer e praticar os "COMOs" (valores e diferenciais) e os "O QUÊs" (estratégias, táticas e ações) que trarão resultados crescentes e sustentáveis para o seu negócio. Estas repostas contribuirão para que você e sua equipe pratiquem os pilares seguintes do tripé da motivação.

"A imposição gera

RESISTÊNCIA,

A negociação gera

AUTONOMIA."

Rafael Takei

Autonomia

Você consegue tirar férias, sentindo a tranquilidade de que a sua equipe continuará fazendo um ótimo trabalho? Caso surja uma oportunidade para te promover, você já tem alguém pronto para assumir o seu lugar?

Se você titubeou com as perguntas acima, provavelmente, você ainda tem muito o que fazer para desenvolver a autonomia da sua equipe.

Essa realmente não é uma tarefa fácil, pois flertamos constantemente com os extremos de centralizar ou "delargar" as atividades, o que resulta em resultados medíocres.

A jornada para ter uma equipe cada vez mais madura e autônoma, foi decifrada por Hersey e Blanchard[28], com a Liderança Situacional, apresentada de forma simplificada na imagem abaixo:

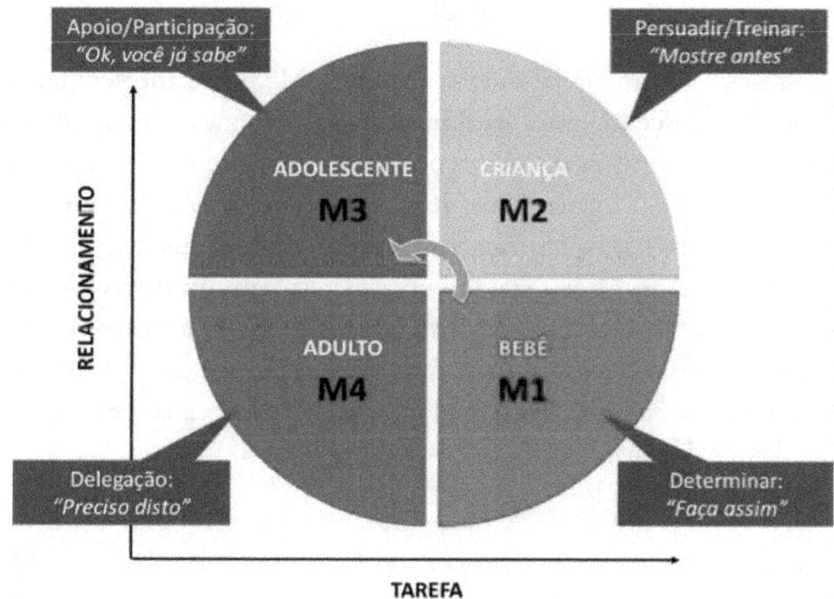

Figura 15 – Liderança Situacional, adaptada de Hersey e Blanchard.

Traduzindo a ilustração, você precisa identificar o nível de maturidade de cada colaborador e adequar suas práticas de gestão, considerando dois fatores: **tarefa** e **relacionamento**.

De uma forma lúdica, podemos comparar o desenvolvimento dos colaboradores com um ser humano aprendendo a caminhar. As pessoas iniciam uma nova função no Nível M1, que se assemelha a um bebê, que está dando os primeiros passos, portanto, precisa que você o pegue pela mão.

Então, se um membro da sua equipe ainda é um novato (nível de maturidade M1), que apesar de ter boa vontade ainda não sabe como fazer as tarefas, é recomendável iniciar com um estilo de liderança mais autocrático (Direção), no qual você comunica detalhadamente "porquê", "como" e "o quê" deve ser feito.

O colaborador de nível M2, pode ser comparado com uma criança, que mal começou a andar e já começa a querer correr, pois vai se sentindo mais segura, mas isso gera diversos tropeços, que são necessários ao processo de aprendizagem.

No caso de um colaborador de nível M2, que apresenta uma capacidade crescente para realizar as tarefas, mas ainda comete equívocos por inexperiência, você precisará oferecer orientação (Treinamento) de forma cada vez mais democrática, ouvindo os pontos de vista dele, questionando "como" e "por quê" ele acredita que a atividade deve ser feita, até vocês chegarem juntos ao "o quê" deve ser feito. Liderar por meio de perguntas, que façam as pessoas pensarem, dá muito mais trabalho inicialmente, mas é este esforço que cria a capacidade de raciocínio, que as tornará cada vez menos dependentes de você.

Quando um membro do seu time chega ao nível M3, o desafio muda bastante, pois assim como um adolescente ele já sabe caminhar, correr e já está até aprendendo a dar aquele salto mortal de costas, que você nunca aprendeu. Com isso, ele tende a começar a questionar a forma como as coisas são feitas, desejar mais autonomia e caso não seja bem direcionado pode tornar-se rebelde, pois ele já atingiu tamanho domínio das atividades, que pode começar a sentir-se entediado ou desvalorizado.

Além disso, o tempo na função e o aumento da capacidade crítica tendem a gerar conflitos com os outros membros da equipe e em relação à forma como as atividades são realizadas. Então, você precisará praticar a liderança democrática com ainda mais intensidade, mediando conflitos, superando as divergências, ajudando o colaborador a aprimorar seu discernimento e as suas habilidades de relacionamento (Apoio).

Todo este empenho no encorajamento e desenvolvimento do seu time é recompensado quando eles alcançam o nível de maturidade M4, pois como adultos eles já estarão dotados da capacidade e discernimento, que permitirão que você delegue tarefas com maior tranquilidade.

Neste nível, os membros da sua equipe demandarão um estilo de liderança cada vez mais liberal, para adquirirem cada vez mais autonomia, pois já têm clareza do "porquê", "como" e "o quê" das atividades que devem ser realizadas. Portanto, são plenamente capazes de tomar decisões dentro de suas atribuições (Delegação).

A partir deste ponto, para não perder o engajamento dos seus M4, você precisará ajudá-los a desenhar seus novos desafios (projetos), expandir as responsabilidades de suas funções (empowerment), inclusive permitindo que eles auxiliem na liderança e capacitação dos colaboradores menos maduros, para que os M4 comecem a se preparar para possíveis promoções e mantendo-os em uma jornada de construção da Excelência.

Para que você possa planejar o desenvolvimento do seu time na prática, preencha o quadro abaixo, colocando os nomes dos membros da sua equipe no respectivo nível de maturidade e depois registre quais medidas irá tomar para desenvolvê-los:

Nível M1 (Bebê)	Nível M2 (Criança)
Nível M3 (Adolescente)	Nível M4 (Adulto)

Quadro 7 – Maturidade dos Colaboradores (Liderança Situacional).

Excelência

Quais são os seus talentos?

Esta pergunta pode soar cruel para muitas pessoas, pois é comum elas pensarem: "Eu não sou uma pessoa talentosa... sou só uma pessoa normal e esforçada, sem nenhum talento especial".

Sinceramente acredito que isto é fruto de uma visão equivocada de que, para ser considerado talentoso, você precisa fazer algo "melhor que outras pessoas".

Quero lhe convidar a passar a enxergar seus talentos de uma forma diferente: Talento não é aquilo que você faz melhor que outras pessoas, mas aquilo que você busca fazer melhor que você mesmo, a cada vez que você faz.

Os japoneses têm uma palavra especial para este desejo de aprimoramento: *Kodawari*, que significa uma dedicação constante a tornar-se cada vez melhor em uma atividade.

O interessante é que quando estamos aprendendo algo novo, o desenvolvimento pode ser muito rápido no início e ficamos empolgados, mas, a partir de determinado ponto, passa a requerer muito esforço e dedicação para conquistarmos pequenas melhorias, que muitas vezes as pessoas não percebem, é neste ponto que acabamos desanimando. Porém, quando continuamos a nos dedicar e a desenvolver melhoria após melhoria, dia após dia, esta dedicação vai nos tornando únicos, inigualáveis naquilo que fazemos. Esta é a jornada que transforma potenciais em talentos.

Muitos de nós temos um conjunto de coisas que sentimos vontade de fazer cada vez melhor, mas como despertar este desejo de aprimoramento contínuo (*Kodawari*) no ambiente de trabalho?

Você sabe o que é o estado de *FLOW* (Fluxo)?

Este é o estado da mais alta performance humana, que já foi observado cientificamente. Se você está em dúvida se já alcançou este tal estado de fluidez, então, lembre-se daquela vez em que você estava tão concentrado em algo que estava fazendo (Dedicação), que nem viu o tempo passar (Presença) e que, apesar de todo o trabalho que realizou, você ainda se sentia energizado e com vontade de fazer mais (Obstinação).

Agora imagine o nível de performance que sua equipe irá alcançar, quando você conseguir contribuir para que eles vivenciem, cada vez mais, o *FLOW* no trabalho.

É por isso que o estado de fluxo é considerado um dos maiores avanços na ciência da performance, conforme o psicólogo Mihaly Csikszentmihalyi revelou em seu livro "*FLOW*: A psicologia do alto desempenho e da felicidade"[29].

Se você deseja que a sua equipe alcance esse estado de alto desempenho, você poderá se nortear por este diagrama:

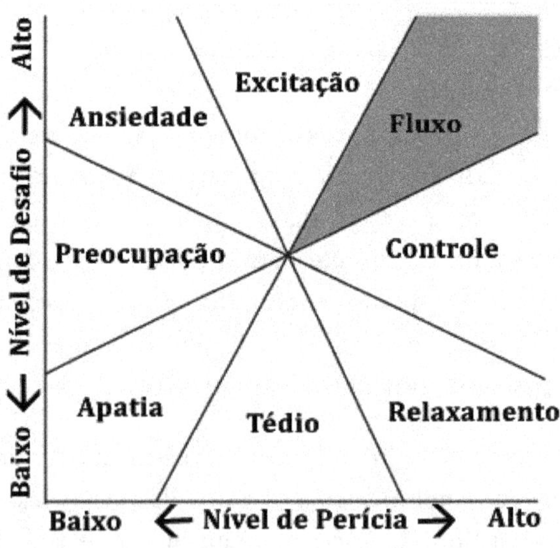

Figura 16 – FLOW, por Mihaly Csikszentmihalyi.

Analisando esta imagem, baseada nos ensinamentos de Mihaly, podemos entender que quando uma tarefa tem um nível de **Desafio** tão baixo, que requer pouca **Perícia** de quem vai executá-la, a pessoa tende a entrar em um estado de **Apatia** (sem vontade).

Por outro lado, quando existe um desafio alto o suficiente para que a pessoa esteja plenamente atenta e empregando o máximo das suas capacidades, ela entra em um estado de *FLOW*.

O problema é que é muito fácil perdermos o estado de *FLOW*, pois conforme os desafios crescem, se as nossas capacidades não os acompanharem, primeiro ficamos excitados, o que pode ser até estimulante a princípio, mas depois ficamos ansiosos, preocupados e caso percebamos que a tarefa está muito além das nossas habilidades, tendemos a abandoná-la retornado ao estado de apatia. Muitos colaboradores que foram promovidos à primeira posição de liderança passam por este ciclo e, caso não tenham o suporte necessário, acabam desistindo da função.

Também saímos do estado de FLOW se formos subestimados com desafios abaixo das nossas plenas capacidades. Isso faz com que inicialmente nos sintamos no controle da situação, mas com o tempo tarefas pouco desafiadoras geram relaxamento, tédio e nos levam de volta à apatia. Este desestímulo pode ser perigoso. Pois o relaxamento excessivo pode levar à desatenção, causando erros e até acidentes graves, além do baixo desempenho.

Veja abaixo 3 atitudes que você e sua equipe podem realizar, para alcançar e intensificar o FLOW:

- **Clarifique** as metas e recompensas – liste as responsabilidades de cada um dos seus colaboradores, certificando-se que os "Porquês, Comos e O quês" estão claros para todos;

- **Regule** o nível de desafio e competência – se for fácil demais, causa tédio, difícil demais, desespero, então, é preciso ir regulando o nível de desafio, de forma que as atividades empreguem plenamente as capacidades do time, sem passar dos limites; e

- **Elimine** distrações – redes sociais, conversas fora de hora, reuniões improdutivas, interrupções de colegas, ruídos e tudo aquilo que atrapalha o foco.

Para você lembrar destes princípios do FLOW com mais facilidade, criei o acrônimo POD CRE:

PERCEBER	ATINGIR
Presença	Clarifique
Obstinação	Regule
Dedicação	Elimine

Quadro 8 – Acrônimo PODCRE do FLOW.

Neste acrônimo, as 3 primeiras letras (POD) são os indicadores que vão lhe ajudar a perceber quando está em FLOW, conforme descrito no início deste subcapítulo e as 3 seguintes (CRE) são as ações que contribuem para você atingir o FLOW.

Se você deseja criar as condições de trabalho para que sua equipe se mantenha em estado de FLOW, você precisará dedicar-se continuamente a estes princípios e isto requer muito empenho do líder.

Porém, os resultados são recompensadores, pois ao invés de ficar refém das motivações extrínsecas, você passará a contribuir para que a sua equipe descubra e desenvolva os fatores motivacionais intrínsecos, os quais são muito mais intensos, consistentes e sustentáveis.

Liste abaixo as medidas que você irá tomar para estimular o FLOW na sua equipe:

Clarificar	
Regular	
Eliminar	

Quadro 9 – Ações para estimular o FLOW na equipe.

"As conquistas
são construídas na
atenção aos pequenos
detalhes e na superação
dos pequenos obstáculos,
ninguém tropeça numa montanha."

Eugênio Ferrarezi

Disciplina Positiva

Confesso que por muitos anos da minha vida acreditei que o sinônimo de disciplina fosse obediência.

Fui criado em um lar japonês, treinado em artes marciais desde a infância e moldado no exército quando adulto. Em todos estes ambientes, eu era recompensado quando obedecia sem questionamentos.

Este modelo de comando e controle funcionou bem para mim como líder, até que comecei a perceber o quanto ele me sobrecarregava, pois condicionava as pessoas a serem completamente dependentes das minhas ordens e supervisão para trabalharem. Além disso, quando não abrimos espaço para questionamentos, limitamos a oportunidade de as pessoas contribuírem com suas perspectivas e sugestões.

Talvez a maior crise deste modelo de obediência aconteceu para mim quando tive um filho. Pois assim que ele aprendeu a falar, ele começou a falar uma palavra que eu dizia muito para ele, mas não imaginava que ele me falaria de volta: NÃO!

- Filho, vai tomar banho!

- Não quero!

- Hora de ir para escola!

- Não vou!

- Coma seus legumes!

- Não gosto!

E agora? Como lidar com essas objeções, de alguém que eu não posso demitir da minha vida, sem recorrer à violência?

Buscando apoio com familiares e educadores que são referências para mim, cheguei ao livro Disciplina Positiva, da Jane Nelsen[30], que transformou a minha compreensão sobre a educação.

Um dos fundamentos que aprendi neste livro é a Firmeza com Gentileza.

Firmeza para que nossas crianças desenvolvam responsabilidade e respeito.

Gentileza para tratá-las da forma respeitosa que esperamos ser tratados, considerando suas opiniões e necessidades.

Mas o que um livro de educação infantil tem a ver com liderança? É que depois de concluir a leitura e melhorar significativamente a educação e o desenvolvimento do meu filho, percebi que se você trocar a palavra "criança" por "colaborador" o livro também funciona!

Não que eu queira infantilizar as relações de líder e liderado, muito pelo contrário. Estou apenas reconhecendo que muitos dos desvios de conduta, que atrapalham o ambiente de trabalho, assemelham-se bastante a birras mal resolvidas de ambos os lados.

Aplicar a "Firmeza com Gentileza" na liderança, significa tomar cuidado com os extremos ilustrados abaixo:

Figura 17 – Firmeza com Gentileza, adaptado de Jane Nelsen.

Caso a sua liderança esteja pendendo demais para o lado da **Firmeza**, isso pode gerar rebeldia, ressentimentos, retaliação e redução da autonomia, gerando sobrecargas e demandando controle excessivo do líder. Se este for o seu caso, recomendo a leitura de obras como "O Monge e o Executivo", de James Hunter[31], que apresentam uma abordagem mais humanizada de gestão, na qual o líder atua como um direcionador e facilitador dos processos.

Porém, tenha cuidado, pois já vi muitos líderes se perderem nesta busca incondicional de exercer a **Gentileza** ao lidar com as pessoas. Esta falta de pulso, pode levar à permissividade, leniência e baixos padrões de desempenho, que também irão comprometer os resultados da equipe. Se você está enfrentando este tipo de dificuldades, leia "Não tenha medo de ser chefe", de Bruce Tulgan[32], um guia prático para conciliar o estabelecimento e cobrança de metas, com um tratamento respeitoso e efetivo.

Depois de todo seu esforço, para estimular o Envolvimento com escuta ativa, gerar o Comprometimento por meio da negociação e ainda proporcionar o Desenvolvimento encorajando as pessoas a superarem seus desafios, talvez você esteja se perguntando: "O que mais eu preciso fazer com este colaborador?"

Com este colaborador mais nada, mas você precisa se lembrar que "Uma estrela sozinha não faz constelação".

Isso significa que, após dedicarmos os nossos 3 primeiros elos ao aprimoramento da relação individual entre líder e liderado, o nosso 4º elo convida o líder a olhar o time como um todo para despertar o: Pertencimento.

"Estrelas
Sozinhas
Não Fazem Constelação."

Rafael Takei

4º ELO – Pertencimento (Orquestrar)

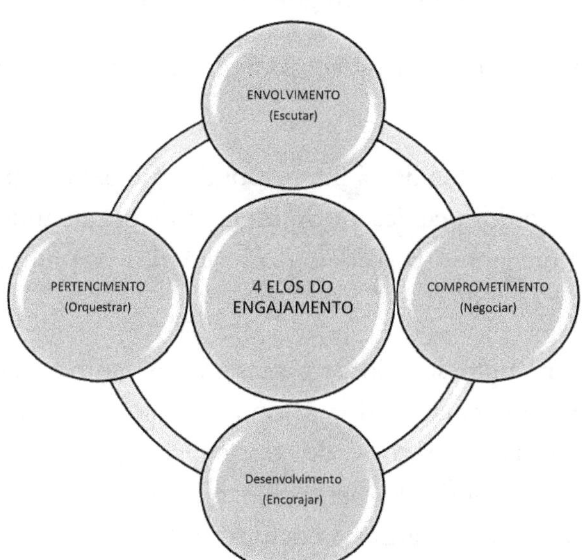

Figura 18 – 4° Elo do Engajamento – Pertencimento.

A escolha do verbo **orquestrar**, para prover o pertencimento, leva em consideração a consciência de que: "Uma orquestra será tão boa quanto o seu pior músico".

Isso significa que, mesmo que a orquestra tenha um violinista magnífico, se o percursionista for terrível, ele estragará o ritmo e a orquestra também será terrível.

O pertencimento foi didaticamente colocado como o último elo, pois, após percorrer os elos anteriores, o líder terá uma maior consciência dos **talentos** e **limitações** de cada membro que compõe o seu time.

Conhecer os **talentos** do seu time é fundamental, para evitar o efeito "Pelé no Gol". Você sabia que o Rei Pelé já jogou no gol? E o pior de tudo é que até que ele era bom, talvez ele pudesse ter sido um goleiro profissional razoável. Mas imagina se ele tivesse feito a sua carreira inteira como goleiro? Apesar da posição de goleiro ser fundamental (como todas as outras), o mundo teria perdido o maior artilheiro da história, para ter um goleiro que "até que era bom".

A pergunta provocativa aqui é: Será que tem um Pelé no gol do seu time?

Se você ficou na dúvida, já lhe respondo que provavelmente sim e só existe um jeito de você descobrir: escutando, observando as pessoas e testando-as em novas posições, para que elas possam transformar seus potenciais em talentos.

Porém, nem tudo são flores e precisamos também lidar com as **limitações** de cada colaborador. Em um mundo ideal, os talentos de uns cobririam as limitações de outros, mas na prática o que observamos é uma série de disfunções que surgem de conflitos mal gerenciados, conforme Patrick Lencioni[33] relatou em seu livro "Os 5 Desafios das Equipes":

Figura 19 – 5 Disfunções das Equipes, adaptado de Patrick Lencioni.

A origem das disfunções reside na falta de **confiança** entre os membros da equipe. Neste clima de insegurança, as pessoas passam mais tempo tentando esconder as suas vulnerabilidades (dúvidas, dificuldades, incertezas, erros) do que atentas aos resultados desejados. Com isso, acabam camuflando os **conflitos** e os pontos de vista divergentes, gerando uma harmonia artificial, onde todos fingem concordar com o que é proposto nas reuniões, mas não existe um **comprometimento** de fato com o que foi combinado, pois cada um sai decidido a fazer o que acha que é melhor para si mesmo. Em meio a todas estas ambiguidades, as pessoas não conseguem **responsabilizar** umas às outras pelos baixos padrões de entrega, prejudicando os **resultados** coletivos, em uma contínua defesa de status e ego.

Já viu isso acontecendo por aí? Qualquer semelhança com a realidade não é mera coincidência.

Este capítulo apresentará caminhos possíveis, para desmontar esta cultura nefasta de "faz de conta", reconstruindo a confiança e a mediação produtiva de conflitos que permite que todos se comprometam com os resultados.

“**Ajudar o próximo** mesmo em uma situação adversa, traz crescimento pessoal para quem dá e recebe.”

Luís Fernando Cursino

Confiança

Você acreditaria, se eu te contasse que, em plena 1ª Guerra Mundial, soldados inimigos, alemães e britânicos, baixaram temporariamente suas armas, saíram de suas trincheiras e foram comemorar pacificamente o Natal junto com os seus adversários, trocando presentes e até jogando futebol?

Difícil de acreditar, não é mesmo? O impressionante é que isso realmente aconteceu, inclusive por mais de uma vez, em diversos locais, conforme foi amplamente documentado em reportagens[34] e livros.

Relatos da 1ª Guerra contam que, em um desses locais, os soldados alemães estavam comemorando entre si e casualmente um deles gritou "Amanhã não atirem, nós não atiraremos". Na manhã seguinte, alguns soldados alemães deixaram suas trincheiras desarmados, caminharam até próximo às trincheiras britânicas e os chamaram. No começo os britânicos ficaram desconfiados, mas alguns decidiram atender ao convite, já que os alemães estavam desarmados. Em pouco tempo, ambos os lados estavam conversando, brindando e trocando alimentos.

A pergunta inquietante aqui é: Como é possível soldados inimigos terem tamanha confiança uns nos outros, enquanto nós desconfiamos até dos nossos colegas de trabalho?

A chave para este mistério está no quanto estamos dispostos a dar o primeiro passo, de confiar no outro e assumir o risco de nos colocarmos em uma posição **vulnerável**, em busca da cooperação.

Perceba que na Trégua de Natal, os soldados alemães precisaram dar o primeiro passo, ao convidarem os ingleses a não atirarem e se colocaram em uma posição vulnerável ao saírem desarmados de suas trincheiras para conversar.

Esse voto inicial de boa vontade é justamente o que precisamos, quando estamos buscando construir ou reconstruir a confiança em uma equipe.

Compreendo que esta não é uma atitude fácil, pois ficamos inseguros sobre como seremos recebidos pela outra parte. Além disso, questionamos o quanto este esforço vale a pena.

Quem trouxe revelações importantes sobre como lidarmos com estas inseguranças, para encontrarmos poder em nossas vulnerabilidades, foi Brené Brown[35] em seu aclamado livro A Coragem de Ser Imperfeito. No qual ela esclarece que é justamente quando nos sentimos acolhidos nas nossas imperfeições e diferenças, é que nasce a conexão e floresce a sensação de pertencimento.

O desafio é que este acolhimento nem sempre é instantâneo e geralmente existe uma jornada a ser percorrida até que as nossas diferenças sejam valorizadas, que eu gosto de ilustrar com os 3A's da Evolução das Relações:

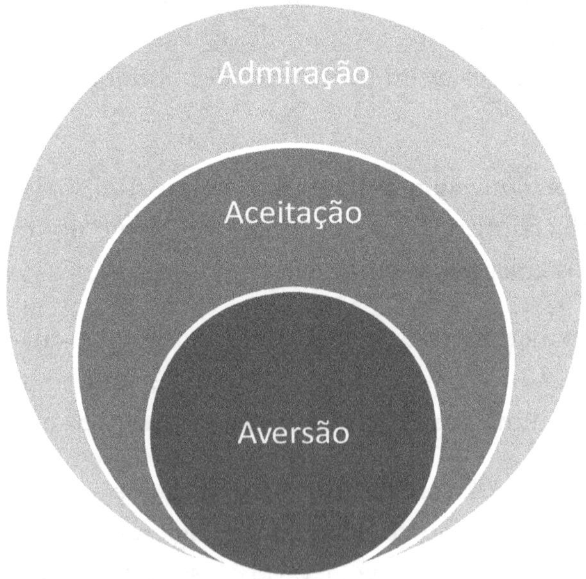

Figura 20 – 3A's da Evolução das Relações.

Normalmente, quando percebemos no outro uma característica diferente, que nos desagrada, temos a tendência instintiva de sentir **Aversão** ao outro, rejeitando aquilo que nos incomoda, o que gera um grande potencial para exclusões, brigas e rivalidades no grupo.

Conforme as relações evoluem, por meio da convivência e com o devido empenho de comunicação, podemos chegar ao nível da **Aceitação**. No qual, eu passo a compreender o outro como ele é, encontrando pontos nos quais me identifico com ele e tolerando as diferenças em prol dos objetivos comuns.

O nível mais elevado das relações é aquele no qual eu não só aceito as diferenças, mas passo a ter verdadeira **Admiração** pelas características que me diferem das outras pessoas, pois percebo que esta diversidade complementa as nossas capacidades.

Permita-me compartilhar um exemplo prático: Um dos meus grandes parceiros de trabalho é o Cristiano Santos[36], um executivo bastante experiente em Gestão de Pessoas, que fundou a consultoria People DH. Nossa parceria evoluiu de uma maneira bastante inusitada. Estávamos fazendo juntos uma certificação em Psicologia Positiva e, em meio aos nossos estudos, realizamos o famoso teste de Perfil Comportamental DISC e constatamos aquilo que já era notável, nós somos diametralmente opostos em termos de comportamento.

Meu perfil é mais Influenciador e Dominante, ou seja, mais extrovertido, espontâneo e altamente movido a desafios e resultados. Enquanto ele tem um perfil mais voltado para Conformidade e Estabilidade, bastante organizado, atento a processos e com altíssima consistência na sua entrega.

Olhando para esses resultados falei brincando: "Quer ser meu sócio?"

Ele sorriu entendendo o que eu queria dizer nas entrelinhas. As características que nos diferenciam são justamente aquilo que nós mais precisávamos, para juntos fazermos uma entrega ainda melhor para os nossos clientes.

Confesso que nem sempre é fácil lidar com quem é tão diferente, temos ritmos distintos, pontos de vista diversos e isso demanda muitos ajustes em nossa convivência. Mas a relação de confiança se constrói justamente quando nos dedicamos a esta jornada, de conhecer e ser conhecido pelo outro. Pois, Conhecimento gera Previsibilidade, que gera Confiança:

Figura 21 – Conhecimento/Previsibilidade/Confiança.

Quanto mais conhecemos o outro, mais conseguimos prever seus comportamentos, sabendo o que podemos esperar dele. Esta previsibilidade é um fator primordial para estimarmos o quanto somos capazes de confiar em uma pessoa.

Para ampliar este conhecimento mútuo, entre os membros do time, uma das técnicas mais clássicas é a Janela de Johari, criada pelos psicólogos norte-americanos Joseph Luft e Harrington Ingham[37] e nomeada a partir da junção dos nomes de seus criadores:

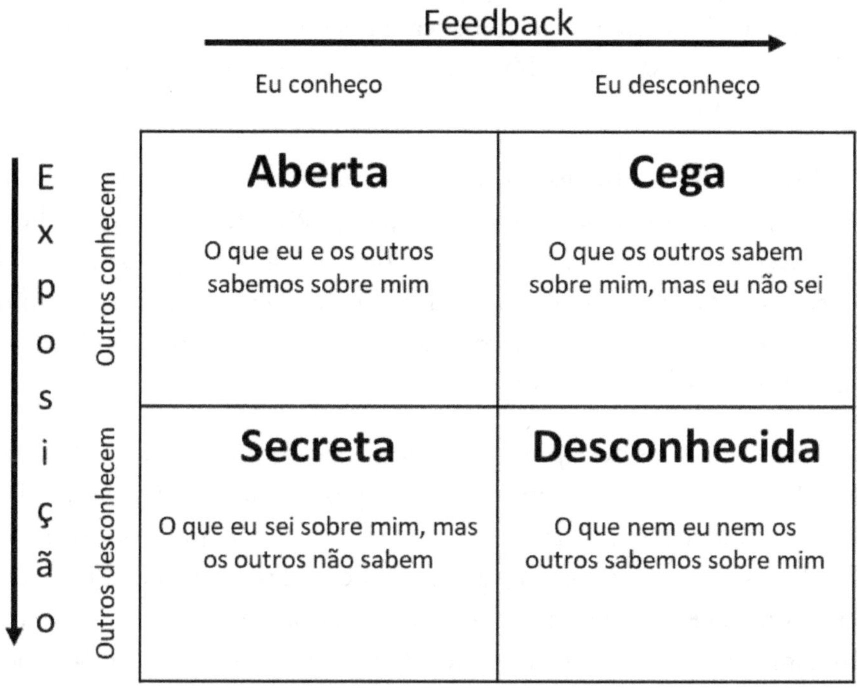

Figura 22 – Janela de Johari, adaptado de Joseph Luft e Harrington Ingham.

Janela Aberta – É aqui que reside a confiança, pois são as características que tanto eu, quanto os outros sabemos sobre mim, logo as expectativas são claras.

Janela Secreta – Características e informações sobre mim que eu sei, mas as outras pessoas não sabem. Deve-se levar em conta que existem fatores de privacidade que entram nesta janela e que devem mesmo ser preservados. Porém, as demais informações, em especial as que afetam o grupo, precisam ser expostas para que as pessoas conheçam melhor com quem estão lidando e elevem a sua confiança.

Janela Cega – Aqui estão as características que os outros sabem sobre nós, mas que nós desconhecemos. Se você já conheceu alguém que tem mau hálito, fala alto demais, ou até mesmo tem ótimas qualidades que ela mesma não percebe, fica mais fácil você se dar conta de que também existem características suas que você não reconhece. A solução aqui passa a ser a busca pelos famosos feedbacks de pessoas que você confia.

Janela Desconhecida – Você já conheceu a história de alguém que ao passar por uma grande provação (acidente, promoção, filhos, etc.) descobriu potenciais em si que nem imaginava? A exposição a novas experiências evidencia características tanto positivas quanto negativas que, até então, eram desconhecidas tanto pelo indivíduo, quanto por aqueles à sua volta.

Em resumo, as duas principais formas de expandir a Janela Aberta, que eleva a confiança em um time são: a pessoa fazer a **Exposição** das suas caraterísticas ao grupo, que por sua vez precisa fornecer **Feedback** sobre as suas percepções sobre a pessoa. Para que isso seja feito com sucesso e de forma estruturada, podem ser realizados: Team Buildings, Testes de Personalidade / Comportamento, Avaliações 360, entre outras técnicas consagradas, com o apoio de um profissional qualificado.

Por fim, vale destacar que o líder tem um papel preponderante neste processo de construção intencional de confiança entre os membros da equipe.

Pois uma das formas mais efetivas de fomentar esta confiança é garantir que o nosso 1º Elo - Envolvimento, que o líder realizou individualmente com as pessoas do seu time, seja agora aplicado de forma coletiva durante as reuniões que ele conduz.

Isso significa garantir que todos sejam escutados nas reuniões, especialmente aqueles mais introvertidos, fazendo perguntas abertas para coletar diferentes pontos de vistas, certificando-se de que as opiniões de todos são ouvidas e respeitadas.

O que não significa que todos devam concordar com tudo, pois é justamente quando surgem posições divergentes que o líder precisa mediar os preciosos e desafiadores conflitos.

"**Somos** pequenos e grandes.

Somos alegria e tristeza.

Somos vida e morte.

Somos luz e escuridão.

Você é o que você vive todos os dias."

Luana Ganzert

Conflitos

Quanto é 5+5? E 7+3? E 20/2? O resultado dá sempre 10, certo?

Me perdoe por este exercício de matemática elementar, mas é impressionante ver quantas equipes ainda não se deram conta, de que existem muitos caminhos possíveis para se chegar a um resultado desejado.

Com isso, cria-se um clima nocivo de competição interna, no qual cada um fica defendendo seu caminho preferido e atacando o caminho dos demais. Chegando ao absurdo de comprometer os resultados, em meio a rivalidades e disputas de poder.

É importante deixar claro que no mundo real os caminhos importam sim, pois além de ter eficácia nos resultados, é necessário promover a eficiência no uso de recursos. Considerando ainda, que existem forças antagonistas necessárias atuando dentro de uma organização como o departamento de Marketing querendo investir em campanhas e o de Finanças buscando reduzir custos. É justamente destes debates que surgem as decisões que promovem o bem comum.

Por isso, os conflitos mais que inevitáveis, são necessários. A questão é como mediamos estas divergências, para que o time mantenha um ambiente de colaboração em prol dos objetivos compartilhados?

Quem conduziu um vasto estudo sobre os impactos da cultura de colaboração nos resultados foi Jim Tamm[38], em seu livro Radical Collaboration, no qual ele propõe que as culturas das organizações podem ser enquadradas em 3 Zonas:

Zona Vermelha	Zona Rosa	Zona Verde
Baseada no Medo	Baseada na Desconfiança	Baseada na Confiança
Defensiva	Protetiva	Colaborativa
Agressivo	Passivo-agressivo	Assertivo
Curto-prazo	Curto-prazo	Longo-prazo
Foco no próprio ganho	Foco em evitar perdas	Foco nos ganhos mútuos
Campo de batalha	Guerra Fria	Parceria
Reativo	Espera pra ver	Procura soluções
Rigidez	Insegurança	Flexibilidade
Pouca confiança	Conversas de corredor	Aberto à influência
Foco em culpados	Foco em preservação	Suporte mútuo
Ameaças e medo	Ambiguidade	Diálogo
Hostilidade	Evitação	Visão compartilhada
Aversão ao risco	Quem eu posso culpar?	Abertura ao risco
Cinismo e suspeitas	Relutância em falar	Honestidade e abertura
Trabalho é doloroso	Trabalho é exaustivo	Trabalho é prazeroso
Motivação extrínseca	Desmotivação	Motivação intrínseca
Controle	Retenção	Engajamento

Quadro 10 – Cultura Organizacional em 3 Zonas, adaptado de Jim Tamm.

Jim compartilha de forma lúdica e brilhante, em sua palestra no TEDx Santa Cruz[39], um estudo realizado em fazendas que produzem ovos de galinhas, no qual ele esclarece como surgem estas 3 Zonas:

Nos grupos de galinhas de Zona Vermelha existem animais de Alta Performance, que produzem mais ovos que as demais. O problema dessas galinhas é que elas tendem a ser mais agressivas com as outras, e o motivo delas produzirem mais que as outras é que elas vivem dando bicadas nas colegas, então, elas fazem as outras produzirem menos. Você já trabalhou com um colega assim?

Nos grupos de galinhas de Zona Verde, não existem galinhas com este tipo de comportamento nocivo, então elas convivem bem, colaboram umas com as outras e o resultado comparado após 1 ano de produção de ovos, foi que as galinhas de zona verde produziram 260% mais ovos que as da zona vermelha. Além disso, enquanto as da zona verde seguiram vivas e saudáveis, metade das galinhas da zona vermelha morreram, assassinadas pelas suas colegas. Será que isso acontece somente com galinhas?

Essas revelações tão chocantes e comparáveis ao que vemos no mundo empresarial, podem nos levar a decisões drásticas como "Demitam as Galinhas Vermelhas!" Mas se pararmos para avaliar o nosso próprio comportamento e formos honestos com nós mesmos, vamos reconhecer que às vezes nós também trocamos "bicadas" com nossos colegas. Senão de forma direta, ao menos de forma indireta, por meio de atitudes como fofocas, conversas de corredor, articulações em grupos informais e outras estratégias passivo-agressivas, que são as que dão origem a organizações de Zona Rosa, nas quais os conflitos existem, mas são velados, ao invés de mediados.

Talvez por isso que Jim Tamm faça uma consideração compassiva, para que tratemos das atitudes ao invés de julgar as pessoas: "Estas não são pessoas más. São pessoas boas, fazendo o seu melhor imperfeito, para melhorar o mundo, da melhor maneira que sabem fazer".

No fundo, todos temos as nossas intenções positivas, ainda que escolhamos métodos equivocados, buscando o nosso "10", como brinquei na abertura deste subcapítulo. O ponto essencial para superarmos as zonas vermelhas e rosas, em direção à zona verde é aprendermos a lidar com a nossa Defensividade, que é a postura que adotamos quando nos sentimos em risco em relação aos outros.

Neste ponto, Jim é taxativo ao afirmar que: "Você não conseguirá competir externamente, se você não consegue colaborar internamente". Portanto, para promover esta colaboração ele propõe em seu livro 5 Habilidades Essenciais para superar a defensividade:

1) Intenção colaborativa: Desenvolver uma intenção genuína de colaborar é fundamental para criar um ambiente de trabalho harmonioso e produtivo. Isso envolve estar disposto a deixar de lado o ego e focar no bem-estar coletivo, buscando soluções que beneficiem a todos os envolvidos. Para cultivar essa intenção colaborativa, é importante praticar a empatia, ouvir ativamente as perspectivas dos outros e estar aberto a novas ideias e contribuições.

2) Veracidade: A veracidade é essencial para construir relações de confiança e transparência. Isso significa comunicar-se de forma honesta e direta, expressando suas opiniões e sentimentos de maneira respeitosa e assertiva. Para desenvolver essa habilidade, é importante praticar a autenticidade e a clareza na comunicação, evitando jogos de poder ou manipulação.

3) Autorresponsabilidade: Assumir responsabilidade por suas ações, escolhas e resultados é uma característica-chave da colaboração eficaz. Isso envolve reconhecer seus próprios erros, aprender com eles e buscar constantemente maneiras de melhorar. Para desenvolver a autorresponsabilidade, é importante cultivar a autoconsciência e a humildade, reconhecendo suas limitações e buscando feedback construtivo.

4) Autoconsciência e consciência dos outros: Desenvolver a autoconsciência e a consciência dos outros é essencial para compreender as próprias emoções e as dos outros, e como elas impactam as interações e relações. Isso envolve estar atento aos seus próprios padrões de comportamento e às sutilezas das emoções e sinais não verbais dos outros. Para aprimorar essa habilidade, é útil praticar a escuta empática, colocando-se no lugar do outro e tentando entender suas necessidades e perspectivas.

5) Resolução de problemas e negociação: A capacidade de resolver problemas de forma colaborativa e chegar a acordos mutuamente benéficos é fundamental para o sucesso da colaboração. Isso envolve identificar interesses comuns, explorar opções criativas e buscar soluções win-win. Para desenvolver essa habilidade, é importante praticar a flexibilidade e o pensamento sistêmico, considerando o impacto de suas ações nas partes envolvidas e buscando soluções que atendam às necessidades de todos os interessados.

Evidentemente, o líder tem um papel fundamental no processo de desenvolvimento destas habilidades em sua equipe, pois ele não deve de forma alguma ser complacente com as "bicadas" trocadas entre as pessoas e muito menos tentar simplesmente oprimir os conflitos, sendo ele mesmo quem distribui as bicadas ou jogando-os para "debaixo do tapete".

Neste ponto, o nosso 2º Elo – Comprometimento volta à tona. Pois da mesma forma como o líder precisou utilizar da Comunicação Assertiva (Técnica das 5 Mensagens, CNV, etc.), para lidar com as discordâncias entre ele e os indivíduos, agora ele precisará desenvolver as pessoas para empregarem essas habilidades coletivamente nas reuniões, incentivando as pessoas a exporem seus pontos de vista divergentes e mediando os conflitos para construir acordos com as quais elas efetivamente se comprometam.

"O básico, muito bem-feito, é o que garante a consistência dos resultados."

Fabio Frasson

Comprometimento

Os dois caras mais incompetentes que eu conheço são "Alguém" e "Ninguém". Porque quando um problema surge, "Alguém" deveria fazer alguma coisa e "Ninguém" faz nada.

Essa anedota trata de um risco sério para as equipes: a Ambiguidade.

Este é o famoso "tudo certo, nada resolvido", no qual as pessoas fazem reuniões em que as reponsabilidades não ficam claras, gerando o efeito "Cão com 2 donos": que ou morre gordo, por ser alimentado duas vezes, ou morre de fome, pois cada dono espera que o outro alimente o animal.

Certa vez, vivenciei os efeitos práticos desta perigosa Ambiguidade na minha carreira de palestrante profissional, quando recebi um e-mail da assistente de RH de uma empresa familiar, me perguntando se eu fazia "Palestras de Ética".

Sim, eu trato sobre o tema de ética na minha palestra motivacional de Protagonismo. Nesta palestra eu abordo diversos aspectos comportamentais de forma customizada, de acordo com os desafios que a empresa está enfrentando, portanto, liguei para esta potencial cliente para entender melhor a demanda e a conversa transcorreu da seguinte forma:

- Me conta mais sobre o que te motivou a procurar esta palestra de ética. Os desafios que você está enfrentando.

- O problema aqui é que estamos tendo diversos desvios de conduta, os colaboradores não seguem as regras e chegam a ter comportamentos dignos de demissão por justa causa.

Pelo tamanho deste problema, eu poderia simplesmente ter enviado uma proposta de palestra e ganhado um dinheiro fácil, mas meu comprometimento com a transformação desejada pelo contratante me levou a continuar perguntando:

- Realmente, estes são problemas graves. Como os líderes têm agido em relação a estes desvios de conduta?

- Puxa Rafa! Ainda bem que você me perguntou. O que agrava o problema é que diversos líderes também têm apresentado desvios, então acho importante eles também participarem da palestra.

Neste ponto eu percebi que o buraco era mais embaixo, pois toda a minha experiência com liderança me ensinou que "O exemplo não é a melhor forma de liderar, é a única". Então, precisei seguir na investigação:

- Se vocês têm problemas com a liderança, o desafio é ainda mais sério. Como vocês trabalham a questão do código de ética da empresa, para compartilhar os valores essenciais da organização e orientar as pessoas quanto às suas posturas e atitudes desejados?

- Então Rafa, nós nunca trabalhamos esses assuntos internamente, por isso meu diretor me mandou procurar esta palestra de ética.

Agora deixa eu perguntar uma coisa para você leitor: Você acha que uma palestra de ética resolveria o problema desta empresa?

É claro que não! Ainda que fosse muito mais fácil eu simplesmente ir lá ganhar dinheiro, fazendo a palestra que me solicitaram, meu comprometimento com o resultado esperado pelo cliente falou mais alto: Recomendei o trabalho de uma consultoria para auxiliar na elaboração do código de ética, que seria seguido de um trabalho de alinhamento de conduta com as lideranças, para aí sim, existir um contexto no qual uma Palestra de Ética seria bastante efetiva na conscientização e adesão dos colaboradores aos padrões éticos que passariam a ser exigidos pela empresa, levando em conta que, ao longo deste processo, algumas pessoas responderiam muito bem e enquanto outras precisariam ser desligadas.

Eu adoraria fechar esta história com um final feliz no qual a empresa seguisse essas recomendações e transformasse a sua realidade. Mas eu compartilhei este causo para tratar da Ambiguidade, lembra?

Ainda que eu tenha feito o meu papel para eliminar as ambiguidades, entre o que a empresa queria e o que ela realmente precisava, o problema começou muito antes, quando alguém do alto escalão da empresa decidiu que uma palestra seria a solução e, por mais que a assistente de RH tenha tentado convencê-lo do que foi proposto pelos especialistas, ele insistiu em simplesmente contratar um palestrante.

Neste momento, ela se deparou com um dilema recorrente entre assessorar e obedecer, que os colaboradores enfrentam nas reuniões: precisamos oferecer a nossa assessoria, compartilhando nossas opiniões com nossos líderes enquanto elas são bem-vindas, mas no momento que as decisões são tomadas, o que nos resta é obedecer (ou procurar outro emprego).

Apesar de eu ter me recusado a palestrar neste contexto, em que a apresentação não encontraria sustentação alguma nas políticas da empresa, eu soube tempos mais tarde que a tal palestra foi realizada por outra pessoa e que, obviamente, os desvios de conduta persistem.

Para não incorrer em erros evitáveis como este, reforço a importância de os líderes praticarem os nossos dois primeiros elos do engajamento: o envolvimento ao escutar ativamente os membros da sua equipe e o comprometimento para negociar os pontos de vista divergentes.

Já tratamos anteriormente que nem sempre será possível chegar a um consenso que agrade totalmente os envolvidos, mas é fundamental garantir que os envolvidos tenham voz na construção dos acordos e que exista **clareza das responsabilidades**, quando as decisões forem tomadas (pela equipe ou pelo líder).

Duas ferramentas tradicionais são importantes neste processo:

1) **Pauta** - estabelecer previamente o que será tratado nas reuniões, para que as pessoas possam se preparar, além de ater-se à pauta evitando desvios, certificando-se de que os assuntos em pauta foram efetivamente resolvidos. Isso significa que, salvo exceções por questão de urgência, novos assuntos que surjam em uma reunião devem ser adicionados à pauta da próxima reunião.
2) **Ata** – registrar as decisões e os responsáveis pela execução do que foi combinado. Uma forma estruturada de conferir se todos os detalhes relevantes foram devidamente tratados é utilizar o 5W2H, um conjunto de 7 perguntas em inglês (5 iniciadas com W e duas com H), conforme traduzido abaixo.

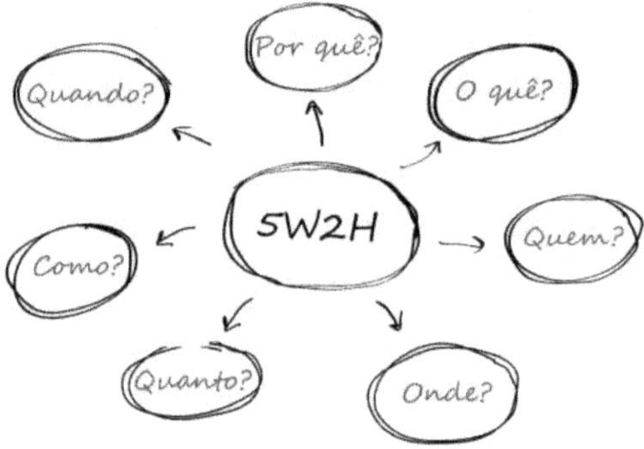

Figura 23 – Ferramenta de Planejamento 5W2H.

Esta clareza das atribuições e principalmente a adesão dos colaboradores ao que foi combinado são os elementos principais para garantir o comprometimento. Além disso, o registro destes combinados é o que permite que os membros de uma equipe responsabilizem uns aos outros pelos resultados alcançados.

Responsabilizar

Se uma pessoa estiver chateada contigo, você prefere que ela fale contigo ou com o seu chefe?

Você prefere que ela fale contigo, certo?

Apesar disso, existe uma situação curiosa que observo frequentemente nas empresas: quando "João" está chateado com "Maria", ele reclama com quem? Com os colegas, com o chefe, com todos, menos com a Maria, adotando uma estratégia passivo-agressiva que começa a criar perigosas divisões na equipe.

E o motivo para isso, é que muitas vezes o João sente-se constrangido de falar com a Maria, por não saber como abordar o assunto com ela, ou por não acreditar que essa conversa seria efetiva.

Um desdobramento ainda mais problemático é quando o chefe do João decide vestir a capa de herói e ir falar com a Maria no lugar do João. Por mais bem intencionado que este chefe esteja, este comportamento incentiva que as pessoas sempre envolvam o chefe em discussões, que elas mesmas poderiam e deveriam resolver entre elas, reduzindo significativamente a confiança e a colaboração dentro da equipe.

Claro que quando seu colaborador lhe procura relatando um problema de relacionamento com outro membro do time, uma providência precisa ser tomada. Porém, em geral, a providência mais recomendada é incentivar e ensinar o "João" a resolver os problemas diretamente com a "Maria", para isso existem duas técnicas baseadas na linha filosófica do Estoicismo que podem contribuir.

A primeira técnica tem o objetivo de ajudar o João a perceber as suas próprias responsabilidades no problema, antes de conversar com Maria, usando como base este quadro, que chegou ao meu conhecimento pela primeira vez por meio do meu querido irmão e mentor Eduardo Almeida[40], CEO do IKIGAI Brasil:

O que **CONTROLO**	O que **NÃO CONTROLO**
Não CONTROLO, mas **tento CONTROLAR**	Poderia CONTROLAR, mas **não estou CONTROLANDO**

Quadro 11 – 4 Campos de Controle, adaptado de Eduardo Almeida.

Este é um quadro que nos ajuda a superar o vitimismo, que é aquele comportamento no qual, quando ocorre um problema, a pessoa culpa os outros e a situação (o que não controlo), mas tem dificuldade em perceber as suas próprias responsabilidades, tanto na criação quanto na solução do problema (o que controlo).

Então, essa primeira parte da conversa é um convite para ajudar o "João" a redirecionar o foco para aquilo que ele "poderia controlar, mas não está controlando", como, por exemplo, alinhar as expectativas de forma mais clara com a "Maria", caso o problema surja de ambiguidades em relação às atribuições de cada um (usando o 5W2H que explicamos anteriormente), ou ter uma conversa assertiva, caso sejam atritos comportamentais ou ainda responsabilizá-la se for um combinado que não esteja sendo cumprido (a técnica das 5 Mensagens pode contribuir).

Se mesmo assim o João demonstrar-se inseguro em relação a conduzir essa conversa difícil, vale a pena encorajá-lo utilizando a técnica da Premeditação dos Males:

Riscos	Prevenir	Reparar	Benefício de Tentar	Custo de Não Agir

Quadro 12 – Premeditação dos Males, adaptado do Estoicismo.

Essa técnica tem a premissa de que os nossos medos (inseguranças, receios, preocupações e suas variações) são um alerta importante e não devem ser ignorados. Portanto, para criarmos um ambiente no qual as pessoas se responsabilizem mutuamente, precisamos ajudá-las a aprender a escutar e lidar com essas emoções desafiadoras.

Para conduzir esta conversa, comece perguntando ao João: "Se você fosse conversar com a Maria, o que poderia acontecer de ruim?" (**Riscos**)

Ele poderá listar preocupações como: a conversa acabar virando uma briga, ser ignorado, a colega ficar chateada com ele, entre outros receios comuns.

Tão logo os riscos tenham sido listados, prossiga perguntando ao João: "O que você poderia fazer para prevenir esses riscos?" (**Prevenir**)

Deixe que o próprio João proponha soluções, mas caso ele trave, vale fazer algumas sugestões, como preparar o que vai dizer usando a Técnica das 5 mensagens, buscar um outro ponto de vista conversando com alguém que lhe ajude a refletir sobre o problema, convidar a Maria para conversar em particular em um momento oportuno.

Enfim, existem diversas medidas que podem ser tomadas para mitigar os riscos de uma conversa difícil. Ainda assim, a conversa pode tomar um rumo indesejado, portanto, vale a pena perguntar: "Se algum desses riscos que você listou acabar acontecendo, o que você pode fazer para consertar a situação?" (**Reparar**)

Por exemplo, se o que era para ser uma conversa começar a virar uma briga, é possível pedir uma pausa e combinar um novo momento para retomarem a conversa, depois que ambos tiverem tempo para se acalmar e refletir melhor sobre o assunto.

Até este ponto estamos ajudando João a "tirar os fantasmas" da sua cabeça, parando de remoer o problema e se preparando para a conversa. Mas a verdadeira motivação começa quando perguntamos: "Quais seriam os benefícios de simplesmente tentar conversar?" (**Benefícios de Tentar**)

Obviamente, se a conversa der certo ela terá valido a pena. Mas, mesmo que os objetivos não sejam todos atingidos, sempre existem benefícios de tentar como: praticar a assertividade, o alívio de ter se expressado, a lealdade de ter falado com o colega, além do fato de que depois de ter tentado dialogar com o colega, caso não consigam chegar a um acordo, aí sim ambos poderem solicitar apoio do líder para mediar a situação.

O último argumento importante para incentivar o João a realizar esta conversa é: "O que você já está perdendo enquanto não realiza esta conversa (profissional, emocional, físico, financeiro, etc.)? Quais serão os impactos disso daqui a 6 meses, 1 ano, 2 anos?" (**Custo de Não Agir**)

Às vezes nos sentimos paralisados pelos possíveis riscos de uma conversa difícil, sem nos darmos conta de que já estamos tendo prejuízos nas nossas relações e nos resultados do time, enquanto não responsabilizamos as pessoas por aquilo que é esperado delas.

É importante destacar que essas técnicas não isentam o líder do seu papel na responsabilização dos membros do seu time, mas buscam desenvolver a autonomia para que as pessoas cobrem umas às outras de forma respeitosa e responsável, em prol dos resultados desejados.

Resultados

Depois do exercício de matemática elementar que fizemos no subcapítulo sobre Confiança, vamos fazer refletir com um cálculo um pouco mais avançado?

Você sabe quanto é 1 elevado a 365? ($1^{365} = 1$)

O resultado é 1. Afinal, 1 elevado a 365 é o mesmo que multiplicar o número 1 por ele mesmo 365 vezes, certo?

O que será que acontece se reduzirmos apenas um centésimo desta conta, elevando 0,99 a 365? ($0{,}99^{365} = 0{,}02$)

O resultado cai drasticamente de 1 para 0,02

E se aumentarmos um centésimo, subindo para 1,01 elevado a 365? ($1{,}01^{365} = 37{,}78$)

Teremos um crescimento vertiginoso, com um resultado de 37,78. Resumindo:

$1^{365} = 1$

$0{,}99^{365} = 0{,}02$

$1{,}01^{365} = 37{,}78$

Você percebe a diferença enorme que 1% (0,01) pode ter nos seus resultados acumulados?

Isto é o que muitos líderes não percebem em relação aos resultados das suas equipes. Eles não são meramente frutos de uma sacada genial, de um ato heroico, de uma única mudança revolucionária. Mas o acúmulo de pequenos **hábitos** (0,01) praticados de forma consistente ao longo de 365 dias do ano.

Esta dica do engenheiro e empresário Giovanni Marquesi, que chegou a mim através das crônicas dominicais do meu querido amigo e mestre Eugênio Mussak[41], nos traz uma revelação importante para a efetividade dos 4 Elos do Engajamento, na Gestão com Propósito: Nãos basta conhecê-los, é necessário incorporá-los de forma contínua e progressiva aos seus hábitos de liderar.

Porém, quem já se atreveu a tentar criar um hábito positivo de forma consciente (virtude) sabe que isso pode ser uma tarefa hercúlea, pois parece que a nossa natureza nos força a retornar aos maus hábitos antigos (vícios).

Por isso, meu convite é que você comece aos poucos, aprimorando diariamente os seus 1% em relação ao dia anterior.

Reflita sobre este arsenal imenso de técnicas e experiências que você recebeu ao longo deste livro. Qual destes aprendizados você acredita que demandará menos esforços e trará mais resultados, quando você começar a praticar? É por aí que você deve começar. E assim que tiver incorporado este aprimoramento à sua rotina, parta para o próximo, o próximo, o próximo... Consistentemente lapidando a sua liderança.

Para guiar esta evolução contínua do Hábito de Liderar, recomendo o método proposto por James Clear[42], em seu livro Hábitos Atômicos, baseado em 4 Leis:

COMO CRIAR UM BOM HÁBITO	
1° Estímulo	Torne-o claro
2° Desejo	Torne-o atraente
3° Resposta	Torne-o fácil
4° Recompensa	Torne-o satisfatório

Quadro 13 – Como criar um bom hábito, adaptado de James Clear.

Este método parte do pressuposto de que um hábito é criado em 4 etapas. Vamos exemplificar, de forma simplificada, como uma pessoa cria inconscientemente o hábito de usar aplicativos de redes sociais:

1º Estímulo – Surge uma notificação (barulho, vibração etc.);

2º Desejo – A pessoa sente o impulso de conferir;

3º Resposta – Motivada por esta curiosidade a pessoa abre o aplicativo;

4º Recompensa – Descobre que recebeu uma curtida ou comentário em uma postagem e acaba navegando por outros conteúdos satisfatórios.

Depois de repetir este ciclo algumas vezes, mesmo que a pessoa silencie todas as notificações, um mero momento de ócio já será estímulo suficiente, para a pessoa sentir o impulso de abrir as redes sociais novamente, para se livrar do tédio. É assim que muitos hábitos inconscientes são criados.

Mas como criar bons hábitos de forma consciente?

Digamos que, após ler este livro, você decida que irá dedicar mais tempo para liderar os membros do seu time, realizando reuniões individuais e coletivas, nas quais irá praticar os 4 Elos do Engajamento:

1º (Estímulo) **Torne-o Claro** – Seja específico em relação ao novo hábito que você está criando, estabelecendo o que será feito e quando. Exemplo: Vou me reunir mensalmente com cada membro do meu time e semanalmente com toda equipe.

Para tornar o estímulo ainda mais claro, certifique-se de agendar no mês anterior todas as reuniões que irá realizar e programe notificações na agenda do seu celular para confirmar no dia anterior. Isso pode parecer um exagero, mas vejo muitos líderes negligenciando suas equipes, pois deixam as reuniões "para quando der" e acabam sendo engolidos pela rotina, fora aqueles que simplesmente esquecem de comparecer.

2º (Desejo) **Torne-o Atraente** – Tudo que nós menos queremos, são mais reuniões maçantes e improdutivas. Portanto, vale criar um ambiente acolhedor, oferecendo um café e investindo um pequeno tempo para tratar de amenidades no começo das conversas. Pois, ao perguntar sobre a família, os hobbies, o final de semana e outros assuntos de interesse da pessoa com quem está conversando, você terá a chance de conhecê-la melhor e aquecer a conversa, praticando a Escuta Ativa, com técnicas como a Resposta Ativa Construtiva, que apresentamos no 1ª Elo – Envolvimento.

Além disso, é fundamental que a reunião em si trate de assuntos relevantes para ambos os lados. Lembre-se que as reuniões não devem ser longas, elas precisam ser suficientemente frequentes, para alinhar expectativas, solucionar problemas, propor ideias, encorajar e criar laços com os membros do seu time.

3º (Resposta) **Torne-o Fácil** – Para que as reuniões sejam efetivas, é importante que os assuntos que serão tratados sejam definidos com antecedência, permitindo que ambos os lados preparem-se para a conversa. Uma dica para facilitar este processo, é manter um arquivo compartilhado com cada membro do time, em que líder e liderados possam inserir previamente os assuntos na Pauta e registrar os combinados como uma Ata.

Para mediar os conflitos que naturalmente surgem nestas reuniões, as habilidades de comunicação e negociação apresentadas no 2º Elo – Comprometimento, tendem a facilitar bastante o processo.

Vale lembrar que reuniões formais são um jeito de garantir uma periodicidade mínima, para tratamos de assuntos importantes e reforçamos o engajamento da equipe. Mas é vital que exista um canal aberto de diálogos informais frequentes, para tratar com as pessoas de assuntos corriqueiros e que não devem esperar o próximo mês para serem resolvidos.

4º (Recompensa) **Torne-o Satisfatório** – As reuniões se tornam satisfatórias por si só quando trazem resultados e facilitam a vida dos envolvidos, compensando o tempo e atenção dedicados. Ironicamente, nem sempre nos damos conta dos pequenos avanços que estamos conquistando juntos, portanto, é importante separar um tempo das conversas para reconhecer e celebrar os acertos, além do tempo necessário para orientar nos desvios.

Uma dica relevante é terminar as reuniões em alta, por isso certifique-se de encerrar a conversa em tom de encorajamento, aplicando os princípios e técnicas abordados no 3º Elo – Desenvolvimento.

Usei este exemplo, de incorporar as conversas com cada pessoa do seu time na rotina, pois é algo que vejo até mesmo líderes de alto escalão de empresas multinacionais negligenciando e que traz resultados expressivos quando realizado com maestria.

Caso você já tenha o hábito de reunir-se frequentemente com a sua equipe, você pode usar este mesmo roteiro dos Hábitos Atômicos para aprimorar continuamente a forma como estas conversas são conduzidas, tanto no 1 a 1, quanto nas reuniões gerais do seu time.

Talvez você já tenha notado que, para fortalecer o nosso 4º Elo – Pertencimento, superando as 5 Disfunções das Equipes, um caminho bastante efetivo é praticar coletivamente, o que foi realizado individualmente nos 3 Elos iniciais. Ou seja, realizar reuniões com o seu time nas quais exista:

1º Envolvimento – certifique-se de que todos sejam ouvidos e respeitados. Priorize ouvir as opiniões da sua equipe antes de expor as suas, pois isto te coloca em uma posição estratégica para conectar as visões do time.

2º Comprometimento – demonstre apreço quando pontos de vista divergentes forem compartilhados com o grupo. Capacite constantemente a sua equipe a negociar e solucionar os conflitos.

3º Desenvolvimento – encoraje as pessoas a evoluírem, assumindo responsabilidades e responsabilizando umas às outras em relação aos acordos construídos nas reuniões. Além de adotarem uma postura colaborativa, para que os combinados sejam cumpridos.

Este é o seu papel como maestro da sua equipe, orquestrar as pessoas para que a soma dos talentos e o suporte nas limitações, despertem uma sinergia que fortaleça o desejo de pertencer a um mesmo time.

Parte 3

Parte 3 - Gestão com Propósito

Os 4 Elos do Engajamento são a pedra fundamental de um método que eu batizei como: Gestão com Propósito.

Nesta 3ª parte do livro, você compreenderá mais a fundo os princípios deste método de liderança, que evolui constantemente, a cada nova experiência que vivo nas empresas que atendo como palestrante profissional e a cada novo aprendizado que colho com meus valiosos companheiros de jornada.

"Quem
conta
uma
história
acende
uma
luz
no
mundo."

Alexandre Camilo

O RePropósito - Da Miséria à Glória

Você se lembra do tal Capitão, que tinha me colocado na parede em relação ao meu estado deplorável de desengajamento?

Foi uma longa e exaustiva jornada trabalhar sob a liderança dele, reconectando cada um dos **4 Elos do Engajamento** que apresentamos neste livro.

Tudo começou com aquela conversa difícil e necessária, na qual ele restaurou o **Envolvimento**, ao escutar de forma ativa e respeitosa todos os dissabores que eu havia experimentado. Ele fez com que eu me sentisse entendido, ainda que discordasse das minhas atitudes.

Como entender e concordar são coisas distintas, ele passou a conduzir um processo de negociação e alinhamento de expectativas, no qual eu expressava as minhas insatisfações e ele adotava uma postura colaborativa para que eu mesmo construísse as soluções, sabendo que eu poderia contar com o suporte dele. Nestas conversas ele também compartilhava o que esperava de mim, se certificava de que eu tinha entendido e que podia contar com o meu **Comprometimento**, para cumprir o que foi combinado.

Mas é claro que pode existir um abismo entre combinar e conseguir cumprir. Portanto, quando por vezes as coisas não saíam como esperado, eu podia perceber claramente ele respirando fundo e se controlando emocionalmente para não aloprar comigo, afinal, ele também é humano. Então, de uma forma muito respeitosa, ele mantinha a rédea firme, questionando os motivos do combinado não ter sido cumprido e, mais uma vez, me ajudava a construir as soluções para acertar da próxima vez, em um contínuo **Desenvolvimento**.

O processo foi se tornando ainda mais fácil e prazeroso a cada encontro de orientação que tínhamos. Pois o que inicialmente eram conversas cheias de pontos a serem ajustados, com o tempo passaram a ser momentos de reconhecimento de acertos e celebração de resultados, além da atribuição de novas responsabilidades.

O ambiente de trabalho também foi tornando-se cada vez melhor. Pois eu sabia que o Capitão mantinha esta mesma postura com os outros membros da nossa Companhia, tanto de forma individual, quanto nas reuniões semanais da nossa equipe. Nas quais, por vezes, aconteciam discussões acaloradas, sobre qual o melhor caminho para o cumprimento das nossas missões, mas ele intermediava bem as nossas conversas e ao vermos todos comprometidos e trabalhando em prol da mesma missão, nós sentíamos cada vez mais confiança e admiração uns pelos outros, restaurando e fortalecendo nosso senso de **Pertencimento**.

O que me deixa perplexo até hoje, é que mesmo trabalhando muito mais sob o comando dele, do que com qualquer outro Capitão que tenha passado pela nossa Companhia, o serviço com ele me causava uma sensação de realização e dignidade que até então eu desconhecia.

IKIGAI

Anos depois, fui entender que aquele estilo de gestão dele me reconectava com um conceito que vem lá da terra dos meus ancestrais: Ikigai, uma filosofia de vida japonesa, que uma das possíveis traduções é a seguinte:

Iki (生き) = Viver

Gai (甲斐) = Valer a Pena

Ikigai = O que faz a sua Vida Valer a Pena (Propósito).

Você já se perguntou qual é o seu propósito?

Preciso te avisar que esta pergunta já contém um erro na sua estrutura. Este erro, é um dos principais motivos que têm feito com que esta pergunta, que deveria ser inspiradora, seja angustiante para boa parte das pessoas.

A falha está em acreditar na ideia de que propósito é algo único, ou seja, de que existe algo no mundo que, sozinho, dará sentido para todo o seu viver. Com isso, ao não encontrarem esta coisa especial, as pessoas sentem-se angustiadas e desanimadas. Isto é uma distorção da filosofia IKIGAI.

Será que existe somente uma coisa que faz a sua vida valer a pena, ou será que é um conjunto de coisas que, somadas, dão razão e significado à sua vida?

Como um especialista em Gestão com Propósito, lhe convido a refletir de uma forma diferente sobre as 4 esferas que compõem o famoso Diagrama Ikigai (ou Mandala Ikigai), que se tornou bastante popular, nos últimos anos:

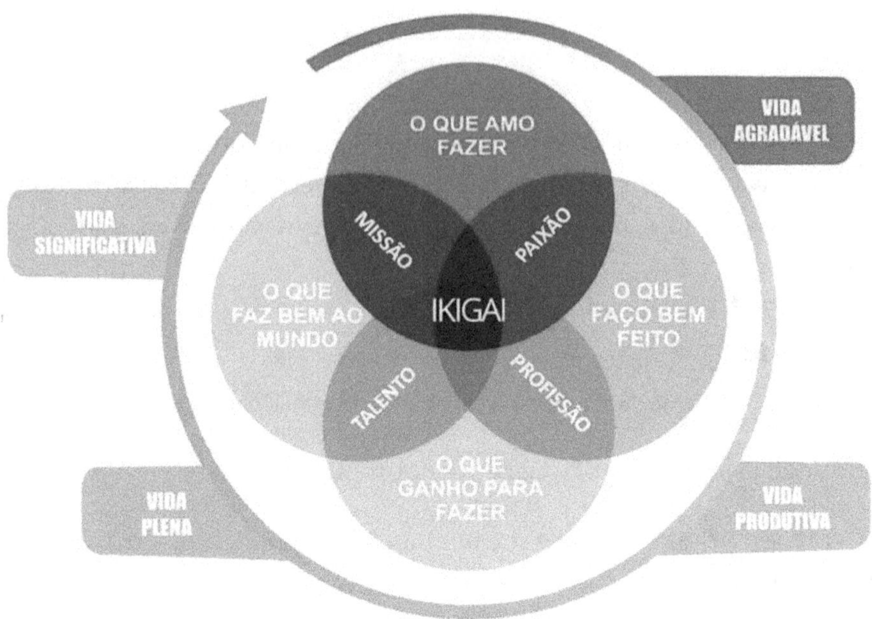

Figura 24 – Diagrama Ikigai, por Eduardo Almeida[43]

Um alerta importante, antes de refletirmos sobre este Diagrama Ikigai, é que ele não é, de forma alguma, o único caminho para compreendermos o nosso propósito.

Para você ter uma ideia, apesar da Filosofia Ikigai ser japonesa, este diagrama sequer é japonês. Na realidade, a primeira versão deste diagrama foi criada por um psicólogo espanhol chamado Andrés Zuzunaga em 2011 e foi usada no livro "¿Qué harías si no tuvieras miedo?" de Borja Vilaseca.

Ainda assim, este diagrama pode ser um caminho poderoso para despertar reflexões sobre o propósito de uma pessoa, como as que compartilho a seguir:

1) Amor

Um dos maiores desejos das pessoas, ao buscarem o seu propósito, é conquistarem um trabalho que elas amem. Isso faz bastante sentido no começo, afinal, é muito pouco provável que você encontre satisfação em uma atividade que odeia.

Mas, o que grande parte das pessoas ignora, é que "fazer o que ama" é só metade da jornada. A outra metade é reaprender a "amar o que faz".

Pois a euforia dos primeiros dias de trabalho uma hora passa e quando a rotina e os problemas inerentes a qualquer trabalho chegarem, você precisará de algo mais, para lhe manter engajado em sua profissão.

"É preciso aprender a amar quem somos em essência e entender aquilo que pode ser transformado, para nos tornarmos nossa melhor versão."
Eduardo Almeida

Uma das ferramentas mais validadas cientificamente para recobrar o entusiasmo é o Diário de Gratidão (calma, isso não é nenhuma técnica Gratiluz de abraçar árvore). A técnica consiste em registrar diariamente 3 coisas pelas quais você se sente grato.

Os estudos demonstram que as pessoas que aderem a esta prática, relatam redução significativa dos índices de depressão, aumento dos níveis de felicidade e satisfação no trabalho e na vida pessoal.

Portanto, veja que interessante, boa parte do aumento da sua felicidade não vem de mudar de vida, mas de mudar a forma como você encara a sua própria vida.

2) Talento

Os talentos são natos, ou desenvolvidos?

Esta pergunta divide opiniões e lá vou eu compartilhar a minha visão também contigo, pois eu acredito que ambos os fatores são relevantes: dom e dedicação.

Quais são as chances de um cara de 1,60 de altura virar jogador da NBA, maior associação de basquete do mundo? Bem baixas não é mesmo? (desculpe o trocadilho)

Ainda assim, houve um jogador lendário chamado Muggsy Bogues[44], que apesar dos seus 1,60 de altura, atuou por 14 temporadas na NBA e detém até hoje o recorde de jogador mais baixo a jogar na liga norte-americana.

É claro que ele é a exceção das exceções, nunca mais alguém da altura dele conseguiu jogar na liga, comprovando que sim a estatura que você herda da sua genética importa muito. Ou seja, existem atributos natos em um talento, não só em um esporte, mas em qualquer outra capacidade a ser desenvolvida.

"A disciplina é o processo que transforma potenciais em talentos."
Hallana Voinichs Takei

Por outro lado, se os atributos natos fossem a única variável relevante, Muggsy nunca teria chegado à NBA. Ele precisou dedicar-se alucinadamente aos treinos, para compensar sua baixa estatura e desenvolver outros talentos únicos, como a sua habilidade de roubar bolas dos adversários e fazer assistências para outros jogadores maiores fazerem as cestas.

Se você ainda acha que essas habilidades diferenciadas são o "dom" com o qual ele nasceu e que isso nada tem a ver com "dedicação", vale lembrar da história de outra lenda do basquete chamada Oscar Schmidt.

Oscar era tão habilidoso em acertar as cestas que, em determinado ponto da sua carreira, ele foi apelidado de "Mão Santa".

Ele odiava este apelido e sempre respondia: "Mão Santa não, Mão Treinada". Oscar chegava 1 hora antes e saia 1 hora depois de todos os seus colegas de treino, arremessava milhares de bolas a mais que qualquer outra pessoa, manteve esta dedicação extrema e consistente ao longo de anos até sua mão ficar "Santa". Sejamos realistas, que todo este empenho poderia não o ter levado muito longe como arremessador profissional, se ele não tivesse 2,05. Caso ele tivesse a altura de Muggsy, talvez também valesse a pena dedicar-se mais às roubadas e passes.

O ponto no qual chegamos aqui sobre o desenvolvimento de talentos extraordinários é: identifique seus potenciais natos e depois dedique-se incessantemente para torná-los únicos e inigualáveis.

Esta reflexão é útil na nossa vida real pois, guardadas as devidas escalas, todos temos diversos potenciais que podem ser transformados em talentos e este processo de desenvolvimento é um dos fatores essenciais do engajamento.

Essa é uma aplicação prática do Kodawari (o desejo de ser melhor que você mesmo, a cada vez que faz uma coisa), que apresentamos no 3º Elo – Desenvolvimento. Como este é um dos conceitos que já abordamos neste livro, não vou me estender nele aqui. Mas fica um convite: Que tal começar a procurar novos talentos, ou até se reconectar com talentos antigos?

Desta experiência costumam surgir importantes descobertas, sobre as coisas que dão sentido à sua vida. Afinal, IKIGAI se refere à sua vida como um todo, muito além do trabalho.

3) Causa

Mesmo após todas as reflexões que fizemos sobre talentos, podem ter pessoas que ainda não se considerem talentosas.

Isto me recorda de uma experiência que tive ainda na adolescência, quando eu comecei a fazer as minhas primeiras palestras no Centro de Voluntariado de São Paulo.

Esta ONG tinha como missão ajudar as pessoas a ajudarem o mundo, por meio do trabalho voluntário. Uma das suas propagandas mais marcantes foi um anúncio, que ficava escrito em diversos vagões do Metrô de São Paulo, onde lia-se o seguinte:

"Se você não tem habilidades manuais, não sabe cantar, dançar, nem cozinhar, não tem paciência com crianças, nem idosos, não aguenta cheiro de hospital, passa longe de campanhas solidárias e feiras de artesanato, mas chegou até aqui neste texto, é sinal de que você tem tempo e gosta de ler: Você pode ler para alguém que não consegue ler sozinho".

Todos temos um talento que faz falta para alguém.

De fato, existia uma grande oportunidade de voluntariado na época (início dos anos 2000) na Fundação Dorina Nowill para Cegos, na qual as pessoas gravavam fitas cacetes lendo o jornal do dia, ou livros clássicos, para serem distribuídos entre os beneficiários.

Apesar da tecnologia já ter avançado, pense quantas pessoas analfabetas até hoje necessitam deste talento de alguém.

Encontrar a sua Causa vai muito além de se dedicar a questões humanitárias e sociais, é uma das bases para construirmos uma profissão digna e muito bem remunerada.

Para isso, complete a seguinte frase: "Eu sirvo para...". Ou seja, a que ou a quem eu desejo servir com meu amor e talento?

"Onde seus talentos encontram as necessidades do mundo, aí está a sua vocação", esta frase atribuída a Aristóteles sintetiza o que estamos chamando de Causa. Isto é um convite para você descobrir quem você deseja beneficiar com a sua vocação, pois será ao servir estas pessoas que você conquistará os recursos que precisa, para viver do seu propósito.

Essencialmente, todas as profissões e empresas são criadas para atender necessidades sociais. Porém, a apatia e a indiferença passam a acontecer quando os indivíduos que exercem estas profissões, não possuem qualquer vínculo emocional com a causa à qual servem.

Para clarificar a sua Causa, pense sobre as coisas que, quando malfeitas, te deixam indignado e quando bem-feitas você fica inspirado.

Quando eu vejo pessoas se arrastando para viver, sofrendo a vida, ao invés de vivê-la plenamente, fico indignado, não com as pessoas, mas com a situação, pois imagino todo potencial desperdiçado e como o mundo poderia ser melhor com esta pessoa vivendo em plenitude. É por isso que após minhas palestras, cursos e treinamentos, quando as pessoas me procuram para relatar como passaram a perceber seus propósitos com mais clareza e construir vidas significativas, eu fico profundamente inspirado. Esta é a minha causa.

E você? A que ou a quem você deseja dedicar o seu amor e talento? Que necessidades do mundo você atende? Estas respostas revelam informações importantes sobre as suas causas.

4) Viver

Tenho um presente para compartilhar com você que chegou até este ponto da nossa jornada: Que tal ter acesso a ainda mais técnicas de desenvolvimento humano, além de dezenas de histórias inspiradoras, de pessoas que encontraram caminhos para viver os seus propósitos?

Para receber este presente, entre no meu site www.rafaeltakei.com.br e acesse o meu programa de TV "Heróis de Propósito". Você também consegue acessar pelo QR Code abaixo:

Este programa foi montado no formato de uma série na qual cada um dos episódios é dedicado a desenvolver em você uma das 24 Forças de Caráter da Psicologia Positiva:

TABELA PERIÓDICA
24 FORÇAS DE CARÁTER

VIRTUDES					
SABEDORIA	HUMANIDADE	JUSTIÇA	MODERAÇÃO	CORAGEM	TRANSCENDÊNCIA
CRIATIVIDADE					ADMIRAÇÃO DA BELEZA E EXCELÊNCIA
CURIOSIDADE			PERDÃO	BRAVURA	GRATIDÃO
AMOR AO APRENDIZADO	GENEROSIDADE	JUSTIÇA	HUMILDADE	INTEGRIDADE	ESPERANÇA
MENTE ABERTA	AMOR	LIDERANÇA	PRUDÊNCIA	PERSEVERANÇA	HUMOR
PERSPECTIVA	INTELIGÊNCIA EMOCIONAL	TRABALHO EM EQUIPE	AUTO-CONTROLE	VITALIDADE	ESPIRITUALIDADE

O *VIA INSTITUTE ON CHARACTER* OFERECE O TESTE GRATUITO PARA VOCÊ DESCOBRIR AS SUAS PRINCIPAIS FORÇAS DE CARÁTER. CASO QUERIA SABER MAIS, FIZEMOS A DESCRIÇÃO DO SIGNIFICADO DE CADA FORÇA NO SITE WWW.CANALDAFELICIDADE.COM.BR

Figura 25 – As 24 Forças de Caráter, da Psicologia Positiva[45].

Nestes programas você conhecerá as histórias de pessoas com as mais diversas origens, idades, áreas de atuação, enfim, você terá uma fonte imensa de inspirações para começar a escrever a história que realmente interessa: A Sua!

Compartilho este programa contigo, pois uma das principais lições que eu descobri nesta jornada de aprendizados sobre Ikigai e Propósito é que quanto mais nos dedicamos ao nosso autoconhecimento e autodesenvolvimento, mais conseguimos ter a sensação de que a nossa vida vale a pena.

Existe ainda uma dica poderosa para te ajudar a viver o seu propósito: **Comece aos Poucos**. Uma frase tão curta e tão completa, que serve para dois tipos básicos de pessoas:

I) Para quem é bastante cauteloso, planeja suas ações com o máximo de detalhes, mas tem dificuldade de colocar em prática, pois fica esperando um momento ideal: Comece!

II) Para as pessoas aceleradas, que se jogam em um desafio sem pensar duas vezes, correndo riscos e cometendo erros que poderiam ser evitados com mais cautela: Aos Poucos.

As pessoas costumam confundir-se, achando que o seu propósito é algo estático e definitivo, que você descobre e a partir deste ponto sua vida está resolvida.

Porém, é preciso ficar claro que viver o seu propósito não é um ato e sim um hábito construído diariamente, conforme você expande seu autoconhecimento, a sua percepção das oportunidades e a sua competência para aproveitá-las. Tudo isso é conquistado por meio das experiências que você se permite viver.

Portanto, ao invés de se preocupar em elaborar agora um plano completo e infalível, apenas liste na sua Jornada Ikigai: Quais são as pequenas coisas que você pode fazer a partir de hoje, que irão contribuir para você começar a viver o seu propósito?

Finalizando as nossas reflexões sobre Ikigai, agora que você pensou sobre o que você Ama, seus Talentos, suas Causas e o que é preciso para Viver isso tudo, perceba o quanto estes fatores foram mudando ao longo da sua vida. Como você foi descobrindo novos amores, desenvolvendo novos talentos, se dedicando a novas causas e consequentemente encontrando novas formas de viver.

Isto revela uma grande verdade: "Ikigai não é uma questão de descoberta e sim de redescoberta". Portanto, que tal passar a viver redescobrindo: O que faz a sua vida Valer a Pena?

"Que as ações confirmem as palavras."

Gilberto Cury

MOAI

Um dia o Capitão precisou partir, pois como ocorre em qualquer carreira, chegou o momento de ele assumir novos desafios e aquele militar que no começo me deixou aterrorizado, no fim me deixou com saudades.

Saudades, porque por mais que ele tenha ido embora, ele deixou algo importante para trás: um legado.

Além de me ajudar a reencontrar sentido e felicidade em meu trabalho, me reconectando ao meu Ikigai, o método de gestão que ele praticava deixou em mim um senso irrevogável de autonomia e autorresponsabilidade.

A partir da liderança dele em diante eu não me permitiria mais culpar o Exército, as pessoas, o Sol, ou chuva pelo meu fracasso ou sucesso. Outros comandantes bons e ruins o sucederam, mas independentemente das condições de trabalho às quais eu era exposto, eu passei a assumir a minha responsabilidade como subcomandante da companhia garantindo que a nossa missão seria cumprida.

O meu tempo como Oficial do Exército também se encerrou, pois eu era um oficial temporário cujo tempo máximo de serviço era de 8 anos. Prossegui, então, na carreira de professor e coordenador de cursos universitários de gestão, que eu já conciliava em paralelo com o serviço militar. Os aprendizados que compartilhávamos em aula eram tão significativos, que os alunos passaram a me convidar para prestar consultoria e treinamentos nas empresas em que atuavam. Toda esta trajetória me abriu as portas para que hoje eu seja um Palestrante Profissional, que atende algumas das maiores empresas do mundo, sempre buscando compartilhar os princípios de liderança que vivenciei na prática, com aquele Capitão tão marcante.

Palavras nunca seriam suficientes para agradecer, alguém que transformou tão profundamente a minha vida e daqueles que trabalharam comigo. Portanto, resolvi traduzir em ações, buscando replicar ao meu jeito aquele estilo tão peculiar de liderar. Estas experiências práticas em liderança, que vivi desde os 19 anos de idade, somadas a mais de duas décadas de estudo em gestão (Graduação, MBA, Mestrado e incontáveis formações e certificações), deram então origem ao conceito da Gestão com Propósito.

Escrevi esta obra como uma forma de compartilhar com os líderes, um modelo prático e efetivo para que possam despertar o engajamento em suas equipes, criando uma cultura forte na qual as pessoas entreguem a sua melhor performance.

Pois quando pessoas se unem, em prol de algo ainda mais grandioso que o Ikigai de cada membro do grupo, esta congregação dá origem a um MOAI (模合) = Propósito Compartilhado.

Esta palavra originária do dialeto de Okinawa, tem como tradução literal: "A corda que mantém os barcos unidos em uma tempestade".

Entenda que Okinawa é um arquipélago, ao Sul do Japão, onde muitas pessoas viviam da pesca. Para quem vive da pesca, perder seu barco significa perder a sua vida. Então, é vital manter os barcos unidos para sobreviver às tempestades da vida.

Agora eu lhe pergunto: Qual é a corda que mantém as pessoas do seu time unidas, em meio às muitas tempestades que elas enfrentam?

Ter um Propósito Compartilhado (Moai) forte e claro, leva as pessoas da sua equipe a outro nível de Envolvimento, Comprometimento, Desenvolvimento e Pertencimento (4 Elos do Engajamento).

Para que você entenda que esta constatação vai além das minhas opiniões, veja o que é proposto por Salim Ismail, fundador e diretor executivo da Singularity University:

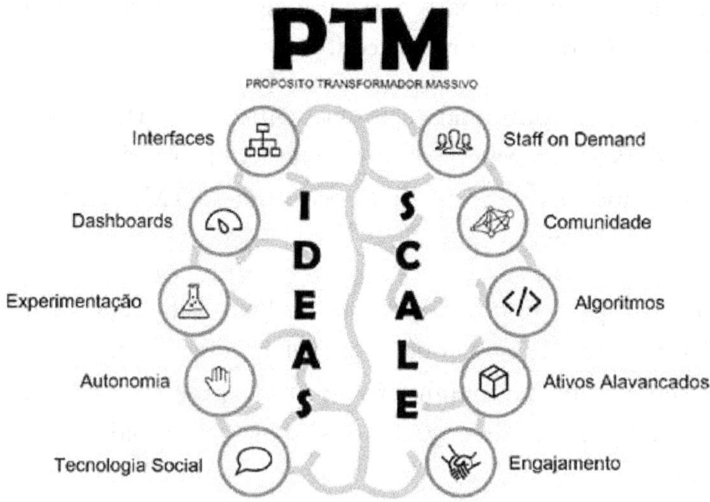

Figura 26 – Propósito Transformador Massivo (PTM), por Salim Ismail.

Segundo Ismail, as organizações exponenciais, também conhecidas como ExOs (do inglês, Exponential Organizations), são novas empresas que adotaram uma forma diferente de fazer negócios e observaram um rápido crescimento em um curto período de tempo em comparação com seus pares do mesmo ramo econômico.

Nenhuma empresa conseguirá acompanhar o ritmo de crescimento estabelecido pelas organizações exponenciais, a menos que esteja disposta a adotar uma abordagem radicalmente inovadora - uma nova perspectiva organizacional tão tecnologicamente avançada, flexível e abrangente quanto o ambiente em constante mudança em que opera - e, em última análise, se transformar.

O autor e seus colaboradores realizaram uma extensa pesquisa sobre os padrões das empresas exponenciais mais proeminentes do mundo nos últimos seis anos, incluindo Waze, Tesla, Airbnb, Uber, Xiaomi, Netflix, Valve, Google (Ventures), GitHub, Quirky e outras 60 empresas, como GE, Haier, Coca-Cola, Amazon, Citibank e ING Bank, e conduziram entrevistas com mais de 70 líderes globais e pensadores. Essa pesquisa visa oferecer uma nova e abrangente visão das tendências organizacionais e tecnológicas essenciais, aplicáveis desde startups até grandes corporações.

Para guiar e impulsionar este crescimento vertiginoso, estas Organizações Exponenciais (ExOs) possuem dez critérios comuns de crescimento, que são norteados por um PTM – Propósito Transformador Massivo.

Como o próprio nome já propõe, o Propósito Transformador Massivo é uma declaração na qual a organização se compromete com um objetivo que impacte um número amplo de pessoas. Ou seja, atuar de uma forma que mude a vida dos seus Stakeholders (clientes, colaboradores, comunidade, etc.) para melhor e que essa transformação tenha a capacidade de alcançar um grande público.

O propósito transformador massivo, não é uma declaração de "Missão", mas uma mudança cultural que move o ponto focal de uma equipe da política interna para o impacto externo. Muitas organizações estão tão focadas em seus próprios interesses internos que, muitas vezes, perdem contato com seu mercado e clientes.

Para você entender na prática, vou transcrever o PTM de uma empresa e você provavelmente vai conseguir adivinhar qual é:

“Organizar as informações no mundo, para torná-las acessíveis e úteis às pessoas.”

Se você não conseguiu descobrir que empresa é ainda, então vá pesquisar no...

Pois é, esta empresa tem um propósito tão forte e claro, que seu nome virou verbo: Googlear tornou-se sinônimo de pesquisar.

Mas será que este tal Propósito Compartilhado beneficia somente as organizações exponenciais?

Na realidade, qualquer organização que se propõe a criar um impacto positivo pode e deve ser norteada por um Propósito Maior, como reforça o Instituto Capitalismo Consciente Brasil[47], inspirados pelo livro homônimo, de John Mackey e Raj Sisodia[48]:

Figura 27 – Negócio Consciente, por Capitalismo Consciente Brasil.

Os criadores do movimento do Capitalismo Consciente, John Mackey, um dos fundadores do Whole Foods Market e Raj Sisodia, professor de marketing da Universidade de Bentley, explicam como empresas como Google, Southwest Airlines, Whole Foods Market, Patagonia, e UPS aplicam os princípios deste movimento inovador na construção de estruturas sólidas e lucrativas, incorporando em sua gestão alguns aspectos construtivos e promissores do capitalismo, atuando de maneira a criar valor não só para si mesmas, mas também para seus clientes, funcionários, fornecedores, investidores, a comunidade e o meio ambiente.

O livro oferece uma defesa ardorosa e uma redefinição consistente do capitalismo de livre-iniciativa. Com uma análise valiosa tanto para os profissionais, como para as empresas que já se deram conta de que o modelo atual de capitalismo exploratório, já esgotou há muito tempo a sua capacidade de se sustentar no longo prazo. E que a sobrevivência da nossa sociedade demanda um futuro mais cooperativo e mais humano.

Antes que você acredite que isso não passa de conversa bonita, desconectadas da prática, ou que são valores que estão muito longe de ser realmente aplicáveis no mundo real, Jim Collins em seu já citado livro "Feitas para Vencer"[17], já esclarecia em sua extensa pesquisa realizada nos idos dos anos 2001, que para prosperar uma empresa precisa encontrar e praticar consistentemente o seu "Conceito do Porco Espinho":

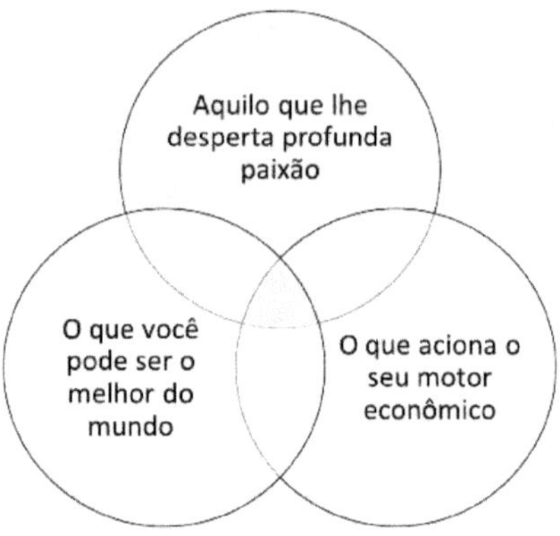

Figura 28 – Conceito do Porco-Espinho, por Jim Collins.

Qualquer semelhança com o Diagrama Ikigai, que tratamos anteriormente, não é mera coincidência. Neste caso, o que funciona para aflorar o potencial de um indivíduo, também serve para as empresas que desejam ser grandiosas.

Como o autor apresenta uma estrutura para que empresas comuns (ordinárias) tornem-se extraordinárias, o conceito do porco espinho diferencia-se do diagrama ikigai, ao provocar a reflexão sobre o que a sua empresa pode ser a melhor do mundo, além de ser meramente melhor que ela mesma a cada dia (Talento – Kodawari).

Outra diferença é que ele funde os círculos de Causa e Viver, na pergunta: O que aciona o seu motor econômico?

De fato, isso também faz sentido na perspectiva do indivíduo, pois nós vamos conseguir os recursos para **Viver** "o nosso propósito" e "do nosso propósito", na mesma medida em que atendemos às necessidades do mundo ao nosso redor com a nossa Causa. Percebe a conexão disso com o PTM (Propósito Transformador Massivo) que abordamos acima?

Jim Collins ainda traz uma importante revelação e faz um último apelo no capítulo Uma Esperança Justificada, do seu outro livro que trata da falência e da sobrevivência das empresas, "Como as gigantes caem: E porque algumas nunca desistem"[48]:

> *"Nunca desista. Esteja disposto a mudar de tática, mas nunca desista de seu* ***PROPÓSITO ESSENCIAL****. Esteja disposto a destruir ideias de negócios fracassadas, até fechar grandes operações em que você tenha se empenhado por muito tempo, mas nuca desista da ideia de construir uma empresa excelente. Esteja disposto a evoluir para um portifólio totalmente diferente de atividades, até o ponto de se transformar em algo totalmente diferente do que é hoje, mas nunca desista dos princípios que definem a sua cultura. Esteja disposto a aceitar a inevitabilidade da destruição criativa, mas nunca desista da disciplina de criar seu próprio futuro. Esteja disposto a aceitar a perda, a suportar a dor, a perder temporariamente algumas liberdades, mas nunca desista da crença na capacidade de vencer. Esteja disposto a fazer alianças com ex-adversários, a fazer concessões necessárias, mas nunca – jamais – desista dos seus* ***VALORES ESSENCIAIS****".*

Portanto, a compreensão profunda do Propósito Compartilhado (Moai) da sua organização, bem como os valores essenciais que o alicerçam, é fundamental não só para a construção de um negócio grandioso, mas para que a despeito das inúmeras tempestades que vocês enfrentarão, a sua organização seja sustentável e as pessoas **NUNCA DESISTAM**.

"Quem faz malfeito,
faz duas vezes."

Alexandre Horta

Workshop Estratégico de Propósito (PCO)

Considerando o poder imenso que um Propósito Compartilhado (Moai) tem na construção de uma organização grandiosa, muitos líderes têm me procurado tanto para orientar o processo de descoberta do propósito e dos valores essenciais de seus negócios, quanto para mediar e conduzir as reuniões estratégicas anuais, de forma a manterem suas decisões e ações alinhadas com o propósito e os valores da organização.

O roteiro que compartilharei a seguir sintetiza uma das formas de conduzir este processo em 3 etapas no modelo PCO (Porquê, Como e O quê), inspirado nos ensinamentos de Simon Sinek[27], entre outros autores e métodos consagrados de construção de cultura e estratégia empresarial.

Este roteiro funciona bem com grupos de 10 até 50 pessoas, mas pode ser adaptado para trabalhar com grupos maiores. Já tive a oportunidade de conduzir grupos com mais de 300 pessoas e também de participar de processos de descoberta e desdobramento do PCO em empresas que envolveram mais de 30.000 funcionários.

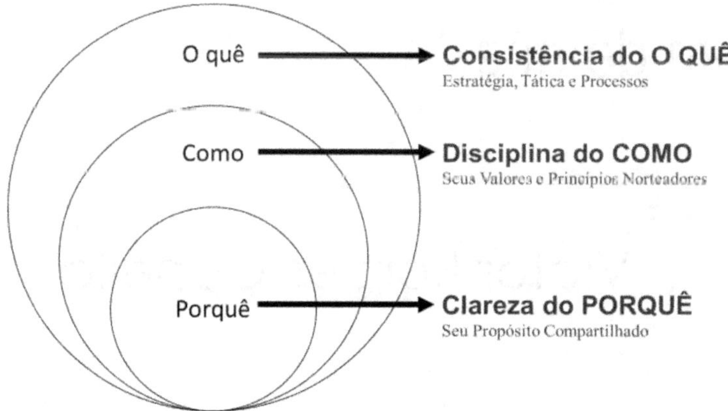

Figura 29 – Círculo Dourado (Golden Circle), inspirado em Simon Sinek.

“Para desfrutar de uma trajetória
de sucesso, é necessário que
tenhamos uma intenção
estável e generalizada
que ressoe tanto
para nós quanto
para o mundo
além de nós.”

Victor Borges Canella

Porquê

Esta primeira etapa do Workshop Estratégico de Propósito tem como premissa que: "As pessoas não são inspiradas pelo O QUE você faz, elas são inspiradas pelo PORQUÊ você faz".

A título de exemplo, vamos considerar a condução de um workshop de meio período (aprox. 4 horas) com um grupo de 30 pessoas, incluindo a mais alta liderança e representantes de diferentes setores e níveis hierárquicos, cujo engajamento evidencia a organização em sua melhor forma. Pressupondo que estas pessoas foram escolhidas para descobrirem uma primeira versão do Propósito Compartilhado (Rascunho da Declaração de Propósito), que depois será compartilhada e aprimorada com a participação dos demais membros da organização.

Um primeiro passo recomendado para aquecer o encontro e as pessoas entrarem no clima, é o líder dar as boas-vindas, compartilhando com as pessoas uma história importante que ele viveu na organização e que na visão dele exemplifica a razão de existir do negócio (O Porquê).

Na sequência, convidar os participantes a conversarem por 5 min, em trios, sobre a seguinte pergunta:

"O que mais te inspirava quando ingressou na organização? O que te inspira a continuar trabalhando aqui?"

Assim que as pessoas tiverem encerrado as conversas, convidar algumas delas a compartilharem com o grupo o que ouviram de interessante dos seus colegas.

Neste ponto, a equipe já estará mais aberta a compreender o conceito do Círculo Dourado, que deverá ser brevemente apresentado por quem está conduzindo a seção (isso também pode ser feito passando o TEDx do Simon Sinek[26]).

Esta apresentação é seguida de uma explanação do objetivo deste encontro de realizar a descoberta do Porquê da organização seguindo a seguinte estrutura:

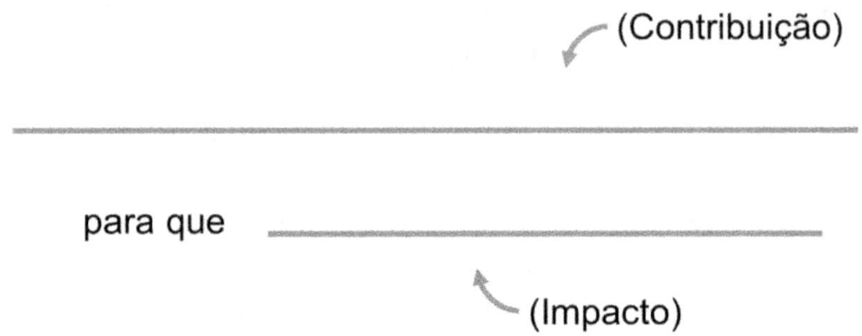

Figura 20 – Modelo da Declaração de Propósito, adaptado de Simon Sinek.

Para que as pessoas entendam a diferença entre "Contribuição" e "Impacto", eu costumo usar o exemplo do médico. Cuja contribuição é realizar o diagnóstico e o prognóstico de uma enfermidade, gerando o impacto de promover a saúde e qualidade de vida. Na sequência apresento o propósito de algumas organizações conhecidas como o Google e Apple, para que as pessoas percebam a aplicação prática deste conceito.

Após esta abertura, chega a hora de separar os participantes em 3 grupos, misturando pessoas de diferentes setores e níveis hierárquicos. É recomendável que cada grupo tenha um Flipchart, para poder registrar as descobertas.

As pessoas serão então convidadas a conversarem por 10 min dentro dos seus grupos sobre o seguinte tópico:

"Conte histórias específicas sobre quando você sentiu mais orgulho de trabalhar nesta empresa."

É importante que todos os membros compartilhem pelo menos 1 história dentro dos seus grupos, para despertar a sensação de Envolvimento por meio da participação.

Cada grupo escolherá, então, suas duas ou três melhores histórias para serem compartilhadas com todos os participantes do workshop. Este é um momento bastante emocionante, no qual o facilitador do evento deverá investigar mais a fundo cada uma das histórias, fazendo perguntas abertas sobre o que foi contado.

Desta conversa que tende a durar aproximadamente 30 min, surgirá uma mescla de valores, contribuições, impactos e outros artefatos importantes para todo desdobramento do workshop.

Chega a hora de começar a separar o "joio do trigo". As pessoas serão convidadas a voltarem aos seus grupos para investigarem o seguinte tópico:

"Em cada uma das histórias, qual foi a contribuição específica que esta organização trouxe para a vida das pessoas?"

Os participantes deverão registrar verbos e expressões verbais que capturam a essência das contribuições relatadas nas histórias. Ressaltando que os verbos não deverão ser aspiracionais, ou seja, deverão traduzir o que a organização é na sua melhor forma e não o que ela gostaria de ser um dia, pois não é um exercício de marketing e sim descoberta do propósito real.

Oriente as pessoas a registrarem pelo menos 10 verbos no infinitivo ("construir", "envolver", etc.), ao longo de 10 minutos.

Estes verbos, serão então compartilhados com todos os participantes do workshop e devem ser registrados de forma unificada, com um asterisco (*) na frente dos repetidos e sintetizando verbos ou expressões parecidas.

Quando a lista de verbos de contribuição estiver consolidada, as pessoas devem retornar aos 3 grupos, para avançarem para a próxima reflexão:

"O que as contribuições desta organização possibilitam que os outros venham a ter, ser ou fazer? (Impactos)"

Uma outra forma de perguntar, para relembrar as pessoas da diferença entre contribuições e impactos é: "Quando vocês realizam os verbos de contribuições que vocês listaram, o que muda na vida das pessoas?"

Após 15 minutos dialogando sobre este tema nos grupos, as pessoas já estarão prontas para compartilhar suas descobertas com todos os participantes do workshop. Registrando as Frases ou Expressões que captem e sintetizem os impactos das contribuições.

Chega o momento de redividir as pessoas, agora em 2 grandes grupos, cada um destes 2 grupos terá a missão de criar uma "Declaração Candidata", que deverá ser tão boa que faça o outro grupo dizer: "Vamos ficar com a sua declaração!"

Para elaborar esta declaração, os grupos terão 30 min, para escolher de 1 a 3 verbos que melhor representam as contribuições da organização e relacioná-los com os impactos mais significativos. Aqui vale o clichê de "menos é mais", pois quanto mais sintética for a declaração que traduz o propósito compartilhado da sua organização, mais memorável e poderosa ela será.

Quando as duas declarações candidatas estiverem prontas, elas deverão ser lidas na frente de todos os participantes. Declarando o Porquê e as histórias que o fundamentam.

Este é um ponto em que a maestria do facilitador do workshop é crucial. Pois, mesmo que a declaração de um dos grupos seja prontamente escolhida, é bastante comum que ambos os grupos ainda desejem fazer aprimoramentos nela, em um processo que gera bastante opiniões divergentes, que precisam ser consolidadas em um Rascunho da Declaração de Propósito.

Este Rascunho se transformará na Declaração de Propósito (Porquê) definitiva da organização, após passar por um processo de maturação por meio do compartilhamento da descoberta com os membros da equipe que não puderam participar do encontro inicial e com outros Stakeholders mais próximos, que poderão fazer suas sugestões de aprimoramentos, as quais serão avaliadas por um pequeno comitê da organização que ficará responsável por conduzir este processo e então comunicar a todos a versão final.

Para fechar esta etapa com chave de ouro, vale realizar uma grande celebração com todos os participantes do processo de descoberta do Porquê. Isso tornará este novo artefato da cultura ainda mais relevante e memorável.

"Tenho um sonho de ser bilionário!

Mas não financeiramente, quero impactar a vida de um bilhão de

pessoas!"

Fabio Nudge

Como

Saber o Porquê existimos é o passo inicial, que precisa ser sucedido pela compreensão do Como praticamos este propósito: Os valores e princípios norteadores.

Esta é a segunda etapa do Workshop Estratégico de Propósito, que pode ser realizada com as mesmas pessoas, em meio período, subsequente à etapa de descoberta do Porquê. Algumas organizações preferem dar um intervalo (de dias e até semanas), para terem tempo de consolidarem a Declaração do Porquê (Propósito) antes de avançarem para o Como (Valores), enquanto outras organizações preferem conduzir as 3 Etapas deste workshop em um evento de 2 dias consecutivos, por questões logísticas, iniciando o primeiro dia com o Porquê pela manhã, o Como à tarde e os desdobramentos estratégicos do O Quê ao longo do dia seguinte. Como alertei anteriormente, isto varia muito de acordo do contexto e as demandas de cada organização.

Existem muitos métodos efetivos para diagnosticar os Valores e Princípios Norteadores da cultura de uma organização, desde modelos mundialmente famosos como a da Barret, até técnicas customizadas, desenvolvidas por diversas consultorias nacionais.

Vou apresentar neste capítulo um modelo simplificado, que toma como base as descobertas já feitas na primeira etapa do workshop (Porquê), para que então descubramos o Como este propósito é praticado pela organização na sua melhor versão (e não o que ela gostaria de ser).

Você notará que ao longo da etapa de descoberta do propósito, sua equipe precisou escolher dois a três verbos de contribuição e um ou dois impactos para elaborar a Declaração do Propósito. Portanto, muitas informações importantes sobre a sua organização ainda ficaram de fora, aguardando ser utilizadas.

Os 3 grupos se reunirão agora para reler estas informações que ficaram de fora e escreverem 5 frases ou expressões que melhor traduzem o jeito como as coisas são feitas na sua organização.

Exemplificando, pode ser que uma característica marcante da sua organização seja "Otimismo". Este substantivo poderá então ser transformado em ações que expressam o Como da seguinte forma:

- Encontrar o lado positivo das situações.
- Ver o copo meio cheio.
- Focar nas soluções, não nos problemas.
- Encontrar o lado bom por trás de todo problema.

Perceba que este exercício transforma termos abstratos como "Otimismo" e "Ser Positivo" em ações concretas que podem ser realizadas no dia a dia.

Quando cada grupo tiver as suas 5 frases ou expressões, entra em cena novamente o papel do facilitador, de ajudar o grupo a consolidar os diversos pontos de vista em 3 a 5 frases que representam os valores e princípios norteadores de todo o time.

Considerando que ainda existem muitas formas de interpretar estas frases, vale a pena trabalhar com os participantes para fornecer um pouco mais de contexto para estas frases, detalhando como elas são praticadas.

Por exemplo, as seguintes frases:

- Encontrar o lado positivo das situações.
- Aprender alguma coisa com todo mundo.
- Procurar soluções criativas.

Poderiam ser contextualizadas da seguinte forma:

- Encontrar o lado positivo das situações – Quando as coisas parecerem estar dando errado, procure o que está dando certo.
- Aprender alguma coisa com todo mundo – Esteja aberto às ideias e pontos de vistas dos outros, pois todos têm algo a nos ensinar.
- Procurar soluções criativas – Acredite que sempre existe uma solução e não desista até encontrá-la.

O que me agrada neste método de declarar o "Como" da sua organização é que ele permite uma interpretação muito clara dos comportamentos esperados dos membros da equipe. Isso permite não só conduzir processos seletivos mais efetivos, como alinhar expectativas praticando os 4 Elos do Engajamento de uma forma coesa em toda organização.

“O que não

te aproxima da sua meta,

não te serve.”

Silvano Barbosa

O quê

Peter Drucker, um dos maiores mestres da gestão de todos os tempos, tem uma frase que é frequentemente repetida em palestras e eventos de gestão: "A cultura devora a estratégia no café da manhã".

Por levarmos tão a sério os ensinamentos e a experiência do mestre, as duas primeiras etapas do nosso Workshop Estratégico de Propósito, são justamente dedicadas a diagnosticar e fortalecer dois elementos poderosos da cultura das organizações o Porquê (Propósito Compartilhado) e o Como (Valores e Princípios Norteadores).

O tempo e o esforço investidos neste processo, permitem que tenhamos uma visão muito mais clara de quais estratégias têm maiores chances de prosperar, por estarem verdadeiramente alinhadas com a realidade e a razão de existir desta organização.

Para esta 3ª etapa de trabalhar o "O quê" da organização, elaborando a estratégia, existe uma vasta variedade de técnicas consagradas que podem ser empregadas.

Vou elencar aqui algumas das técnicas mais simples e tradicionais para condução desta etapa. Reforçando a ressalva que por mais conhecidas que elas sejam, tal qual uma apresentação musical, a maestria de quem toca o instrumento muda significativamente a qualidade do resultado obtido.

A famosa Análise SWOT, oferece um ótimo ponto de partida para os participantes entenderem o cenário atual da organização:

	Fatores Positivos	Fatores Negativos
Fatores Internos	**Forças (*Strenghts*)**	**Fraquezas (*Weakness*)**
Fatores Externos	**Oportunidades (*Opportunities*)**	**Ameaças (*Treaths*)**

Quadro 14 – Análise SWOT.

Depois de elencar as Forças e Fraquezas atuais da organização, bem como as Oportunidades e Ameaças às quais ela está exposta. É possível realizarmos conversas muito produtivas convidando os grupos a cruzarem as informações dos quadrantes da seguinte forma:

- Como as suas Forças podem potencializar as suas Oportunidades?
- Como você pode usar as suas Forças para mitigar as Ameaças?
- O que pode ser feito para que as Fraquezas não atrapalhem as Oportunidades?
- O que precisa ser feito para que as Fraquezas não aumentem as Ameaças?

Os objetivos que surgirem deste diálogo poderão ser detalhados e atribuídos a cada membro da equipe, por meio de outra ferramenta poderosa que é o SMART:

S (Specific)	M (Mesurable)	A (Attainable)	R (Relevant)	T (Time Based)
Detalhe o que será feito	Como será medido? (indicadores)	Quais são os recursos necessários?	Qual é a importância deste objetivo?	Quando começa e quando termina?

Quadro 15 – SMART.

Cada objetivo precisa ser desdobrado em metas, que são as etapas necessárias para atingir estes objetivos. Imagine uma escada, se o objetivo é o topo, as metas são os degraus. As metas também podem ser escritas no modelo SMART, ou ainda usar outras técnicas como OKR e até mesmo o 5W2H, que já apresentamos no 4º Elo – Pertencimento.

O resultado desta 3ª e última etapa do workshop é um Plano de Ação detalhado e realista contendo o "O Quê", ou seja, a estratégia que irá concretizar o propósito da organização.

Independentemente do arcabouço de técnicas que você escolher utilizar nesta etapa do workshop, o fundamental é que todos avaliem constantemente se as estratégias propostas (O quê) estão plenamente alinhadas com o propósito (Porquê), os valores e princípios norteadores (Como) estabelecidos nas duas primeiras etapas. Além de certificar-se que cada pessoa saia comprometida e com plena clareza do que é esperado dela.

"A estratégia do Líder Mestre e a escolha do servo líder são determinantes em um mundo carente de gestão com propósito e exemplos inspiradores."

Jota Washington

O Nosso MOAI

Certa vez quando eu descia do palco, sendo aplaudido após uma das milhares palestras que realizei ao longo da minha carreira, me deparei com meu grande irmão e mentor na carreira de Palestrante Profissional Marcelo de Elias[49]. Feliz, emocionado e muito agradecido por ele ter me ensinado o caminho das pedras para transformar a minha grande paixão em carreira, eu perguntei: "É sério que ainda pagam a gente para palestrar?"

Fiz esta brincadeira, pois eu me sinto um imenso privilegiado em desfrutar desta carreira magnífica e ao mesmo tempo tão desafiadora, considerando a dificílima jornada para me consolidar no mercado, os incontáveis quilômetros de deslocamento, as muitas noites longe de casa e da família, entre outros obstáculos diários.

O que me faz seguir em frente é lembrar do poder transformador do propósito. É por isso que eu lhe convido, caro leitor, para que você se junte a mim neste Moai (Propósito Compartilhado) de:

"Fazer as pessoas acreditarem com responsabilidade, em si, nos outros e no que fazem, para que conquistem o sucesso e a felicidade que faz a Vida Valer a Pena."

Gestão com Propósito

A vida é dádiva da Criação
E isso nos faz construir a nossa história
Tenha isso na mente e no coração
E com Gestão com Propósito, terás a vitória.

Sergio Antonio Meneghetti

Posfácio

E aqui estamos, depois de percorrer cada página deste livro intrigante que nos guia por um labirinto de experiências, histórias e aprendizados sobre engajamento. Se você chegou até aqui, é porque está em busca de algo mais do que apenas técnicas e teorias sobre como liderar melhor ou engajar equipes. Você está em busca de uma transformação, uma mudança que não só afeta sua forma de liderar, mas também a maneira como você se relaciona com as pessoas ao seu redor. Eu me sinto assim neste momento e tenho certeza de que você encontrou tudo isto neste livro.

Ao receber o convite do meu amigo Rafael Takei para escrever o posfácio deste livro, junto com a honra e alegria, veio também o sentimento de "frio na barriga" de como finalizar uma obra tão completa sobre engajamento.

Como consultor, em quase todos meus treinamentos para liderança ou em conversas com clientes, a dor da falta de engajamento sempre aparece na pergunta "como engajar melhor as pessoas?" Com certeza não existe uma receita de bolo, mas neste livro você encontrou todos os ingredientes para usar com seu time, pois somos unos, somos diferentes e respondemos a estratégias e estímulos específicos. Então, use as técnicas e ferramentas aprendidas neste livro de forma especial com cada pessoa.

Tenho uma reflexão e até mesmo a convicção que o Engajamento começa com o Envolvimento das pessoas e transcende para a Felicidade. Sim, pois ao envolvermos as pessoas em nossas atividades, desafios, resolução de problemas, decisões, etc... elas irão se comprometer, pois sentirão parte e valorizadas, e uma vez comprometidas elas se engajarão e ao se engajar elas serão felizes!

Parece frase de coaching, porém nunca vi uma pessoa engajada triste. Todas que conheço têm aquele brilho nos olhos que se encaixam com um grande sim a pergunta inicial que o Rafael colocou no livro: "Quem gostaria de trabalhar com pessoas com brilho nos olhos, que sabem o que precisam fazer e fazem bem-feito. Pessoas altamente engajadas?" Pessoas engajadas são felizes, criam uma cultura de confiança, criatividade e alta performance, como diz a sabedoria popular, pessoas felizes entregam melhores resultados e não enchem o saco!

Outra experiência sobre engajamento, trago da minha experiência como executivo de gestão de pessoas por mais de 25 anos. Muitas empresas acreditam e atuam apenas no básico das ações de engajamento, ou seja, Remuneração. Elas pensam que ao dar um aumento salarial a pessoa irá se engajar e isto é um grande engano (exceto se realmente esta pessoa ganha muito abaixo do mercado de trabalho). Normalmente a reclamação sobre a remuneração é o efeito e não a causa do desengajamento, pois é o único fator quantitativo de relação do trabalho. O fato é que a pessoa inconscientemente pensa "eu ganho pouco para fazer isto", "eu ganho pouco para trabalhar com este gestor ou com estas pessoas", etc.., ou seja, ela quantifica e transfere sua frustação no valor que recebe e aumentar seu salário não irá resolver o problema de engajamento, seria como trocar o motorista para resolver o problema de um pneu furado.

Precisamos sair de ações básicas e rasas e atuar em outras iniciativas que estão ligadas estrategicamente ao maior engajamento como por exemplo:

Marca (employer branding): o engajamento muitas vezes inicia muito antes do colaborador fazer parte da empresa. Aparece na relação de admiração pela empresa, sua marca e produtos.

Liderança: a liderança é papel fundamental no engajamento. Muitas pessoas se mantêm ou saem das empresas pela forma como interagem com seus líderes.

Desempenho: percepção de carreira e performance ao desempenhar sua atividade.

Condição de Trabalho: aspectos ligados a rotina, segurança e ambiente.

Básico: remuneração e benefícios.

Cultura: a forma como a empresa realiza suas atividades, alinhamento de missão, visão, valores e propósito.

Com certeza, eu e você aprendemos neste livro que "Os 4 Ralos do Engajamento" - despropósito, frustração, estagnação e desvalorização - são como obstáculos que se interpõem no caminho de uma liderança eficaz e num ambiente de trabalho produtivo. Eles nos mostram o que pode dar errado quando perdemos de vista o propósito, quando falhamos em reconhecer e valorizar os esforços dos outros, ou quando nos afundamos na rotina sem perspectiva de crescimento.

No entanto, não estamos aqui apenas para identificar os problemas, mas também para apresentar soluções. "Os 4 Elos do Engajamento" - envolvimento, comprometimento, desenvolvimento e pertencimento - são como as ferramentas que temos à disposição para construir pontes sobre esses obstáculos, permitindo-nos alcançar níveis mais altos de engajamento e satisfação no trabalho.

O envolvimento começa com a capacidade de escutar verdadeiramente, uma habilidade que muitas vezes subestimamos, mas que é essencial para construir relacionamentos significativos. E não se trata apenas de ouvir as palavras, mas de compreender as emoções e intenções por trás delas.

O comprometimento surge quando aprendemos a negociar de forma construtiva, encontrando um ponto de equilíbrio entre nossas próprias necessidades e as necessidades da equipe. É sobre comunicar de forma clara e assertiva, além de aprender a arte da negociação, onde todos saem ganhando.

O desenvolvimento vem do estímulo e encorajamento constantes, reconhecendo que tanto a vontade quanto a capacidade são essenciais para o crescimento pessoal e profissional. É sobre motivar não apenas com recompensas externas, mas também cultivando um ambiente onde o propósito, a autonomia e a busca pela excelência são valores fundamentais.

Por fim, o pertencimento é alcançado quando construímos uma cultura de confiança e colaboração, onde os conflitos são vistos como oportunidades de crescimento, e onde cada membro da equipe se sente responsável pelos resultados coletivos.

Ao longo deste livro, exploramos não apenas as teorias e conceitos, mas também exemplos práticos e ferramentas que você pode aplicar imediatamente em sua jornada de liderança. Desde o modelo dos líderes de Nível 5 até as técnicas de comunicação assertiva e as estratégias para construir uma cultura de propósito. Há algo aqui para todos que desejam se tornar líderes mais eficazes e criar ambientes de trabalho mais engajadores.

Então, à medida que você fecha este livro e se prepara para aplicar o que aprendeu em sua própria jornada, lembre-se de que o engajamento não é apenas sobre alcançar resultados, mas também sobre inspirar e capacitar aqueles ao seu redor a alcançarem seu pleno potencial. E que, através do compromisso com os quatros elos do engajamento, podemos transformar não apenas nossas organizações, mas também o mundo ao nosso redor.

Viva seu IKIGAI e juntos elo a elo construímos nosso MOAI!

Cristiano Santos é diretor da People Desenvolvimento Humano. Especialista em Liderança e Produtividade. Autor do livro LEADER SKILLS: Competências estratégicas para liderança e produtividade.

Sobre o Autor

Rafael Takei é Palestrante Internacional, Escritor e Especialista em Gestão com Propósito.

Conheça Nossas Palestras:

www.rafaeltakei.com.br

Palestrante Top 5 no CBTD (Maior Congresso de Treinamento e Desenvolvimento da América Latina).

Mestre em Gestão e Desenvolvimento, MBA em Gestão de Pessoas, Administrador de Empresas e Embaixador IKIGAI.

Certificado em Psicologia Positiva e Comunicação Não-Violenta.

Especialista em Metodologias Ativas de Educação.

Coautor de 5 Livros, dentre eles: Liderança Extraordinária; Gestão de Carreira; Antologia 2020; Ser Extraordinário e Contos que Curam.

Apresentador dos Programas de TV: "Heróis de Propósito" e "SOS GESTÃO - Desafios e Soluções".

Diretor de Comunicação e Apresentador de Eventos da ABRH-SP (Associação Brasileira de Recursos Humanos).

Professor e Coordenador de Cursos Universitários em Gestão e Comunicação.

"Sucesso é conseguir o que quer, felicidade é gostar do que conseguiu.

Pois felicidade sem sucesso não se

sustenta, mas sucesso sem felicidade não

vale a pena."

Rafael Takei

Frases Para Refletir

"Na vida não existem momentos ordinários, tudo é um milagre!" - Dan Millman (Contribuição de José Grilo)

"Prepare-se, tenha o bilhete na mão para o pegar o bonde da oportunidade." - Alex Carneiro

"A mente é como um paraquedas, só funciona depois de aberta." - Igor Henrique Souza Martins

"Para se tornar uma boa pessoa basta ser." – Joaquim Paris

"Minha espada não é desembainhada a qualquer luta." - Sueli Fior

"Não importa o que fazem de você, mas o que você faz com o que fazem de você." - Jean-Paul Sartre (Contribuição de Rogério Penna)

"Tenha sempre uma caneta na mão ou ela será ocupada por uma enxada." - Luiz Voinichs

"A natureza abomina o vácuo... O poder e as organizações também." - Paolo Semintilli

"Oportunidade é igual um barbudo careca. Se não pegar ele pela barba logo que passa, você não pega mais." - Álvaro Eiji Nakamura

"Trabalhe com que você ama e nunca mais precisará trabalhar na vida." - Odair Vasconcelos Ribeiro

"A vida não deve ser colocada dentro dos problemas, mas os problemas dentro da vida." - João Carlos Rocha

"Tudo o que temos que decidir é o que fazer com o tempo que nos é dado." - J. R. R. Tolkien (Contribuição de Rodolpho Pereira)

"Quem não serve para dar exemplo, não servem para dar conselho." - Rodrigo Lossio

Referências

1) Disponível em: https://www.gallup.com/workplace/349484/state-of-the-global-workplace.aspx Acesso em 24/07/2023.
2) Ellis, A. Discomfort Anxiety: A New Cognitive-Behavioral Construct (Part II). Journal of Rational-Emotive & Cognitive-Behavior Therapy 21, 193–202 (2003). https://doi.org/10.1023/A:1025833927340
3) Harrington, N. Frustration Intolerance: Therapy Issues and Strategies. Journal of Rational-Emotive & Cognitive-Behavior Therapy, 29(1), 4–16. doi:10.1007/s10942-011-0126-4, 2011
4) Silva, L. S., & Faro, A. Adaptação e propriedades psicométricas da versão brasileira da Escala de Frustração e Desconforto. Avances en Psicología Latinoamericana, 39(2), 1-13. https://doi.org/10.12804/revistas.urosario.edu.co/apl/a.10561, 2021
5) Ellis, A., & Dryden, W. The practice of rational emotive behavior therapy (2nd ed.). Springer Publishing Co, 1997.
6) Adair, Christopher. Ativamente Desengajado & Intenção de Permanecer: Lidando com "prisioneiros" no local de trabalho. Kincentric, 2024.
7) Canella, Victor Borges e Caetano, Bruna Moreira dos Santos (Org). Gestão de carreira, estudos e nuances das experiências profissionais. Zion, 2023.
8) CACCIOTTI, Gabriella; HAYTON, James C.; MITCHELL, J. Robert; ALLEN, David G. Entrepreneurial fear of failure: Scale development and validation. Journal of Business Venturing, v. 35, n. 5, 2020. ISSN 0883-9026. https://doi.org/10.1016/j.jbusvent.2020.106041
9) Herzberg, F. One more time: how do you motivate employees?. Canadá: Harvard Business Review, 1968.
10) Johnson, P. R., & Indvik, J. Rebels, Criticizers, Backstabbers, and Busybodies. Public Personnel Management, 29(2), 165–174. doi:10.1177/009102600002900201, 2000.

11) Krug EG et al., eds. World report on violence and health. Geneva, World Health Organization, 2002
12) Organização das Nações Unidas (ONU). OIT: Violência e assédio no trabalho afetam uma em cada cinco pessoas. Disponível em: OIT: Violência e assédio no trabalho afetam uma em cada cinco pessoas. Acesso em: 25 mar. 2024.
13) GUTEK, Barbara A. Understanding Sexual Harassment at Work. Notre Dame Journal of Law, Ethics & Public Policy, v. 6, n. 2, Symposium on Women and the Law, 2012.
14) COBB, Ellen Pinkos. Workplace Bullying and Harassment: New Developments in International Law. 1. ed. London: Routledge, 2017.
15) CARNEGIE, Dale. Como falar em público e encantar as pessoas. Record, 2018.
16) CAIN, Susan. O poder dos quietos. Agir, 2017.
17) COLLINS, Jim. Empresas Feitas para Vencer. Altabooks, 2018.
18) Gable, S.L. What do you do when things go right? The intrapersonal and interpersonal benefits of sharing positive events. Routledge, 2018
19) Rosenberg, M. Comunicação não-violenta: técnicas para aprimorar relacionamentos pessoais e profissionais. Ágora, 2006.
20) Rivers, D. Os Sete Desafios: uma apostila com exercícios para uma comunicação mais cooperativa. Human Development Books, 2005.
21) Bronw, Brené. A Coragem para Liderar: Trabalho duro, conversas difíceis, corações plenos. BestSeller, 2019.
22) GONÇALVES, Rafael Farias. Motivação 3.0 - Um novo paradigma sobre os aspectos motivacionais do homem no trabalho. EnFAGEN, 2012.
23) PINK, Daniel H. Motivação 3.0 - Drive. Sextante, 2019.
24) WILLIAMS, Richard L. Preciso saber se estou indo bem. Sextante, 2013.
25) SINEK, Simon. Comece pelo porquê, Sextante, 2009.
26) Disponível em: https://www.youtube.com/watch?v=ayaO26BmkPk Acesso em 23/02/2024
27) SINEK, Simon. Encontre seu porquê, Sextante, 2017.

28) Disponível em: https://www.pmisp.org.br/enews/edicao1212/artigo_01.asp Acesso em 16/12/2021
29) CSIKSZENTMIHALYI, Mihaly. Flow (Edição revista e atualizada): A psicologia do alto desempenho e da felicidade. Objetiva, 2020.
30) NELSEN, Jane. Disciplina Positiva. Manole, 3.ed., 2015.
31) HUNTER, James. O Monge e o Executivo. Sextante, 1989.
32) TULGAN, Bruce. Não tenha medo de ser chefe. Sextante, 2019.
33) LENCIONI, Patrick. Os 5 desafios das equipes: Uma história sobre liderança. Sextante, 2015
34) Disponível em: https://www.bbc.com/portuguese/articles/c3gy55lx8yvo Acesso em 19/03/2024
35) Brown, Brené. A coragem de ser imperfeito: Como aceitar a própria vulnerabilidade, vencer a vergonha e ousar ser quem você é. Sextante, 2016.
36) Conheça em Cristiano Santos em: https://peopledh.com.br/
37) Disponível em: https://blog.mbauspesalq.com/2020/07/07/janela-de-johari-tecnica-de-autoconhecimento-com-feedbacks/ Acesso em 20/03/2024
38) Tamm, Jim. Radical Collaboration: Five Essential Skills to Overcome Defensiveness and Build Successful Relationships. HarperCollins Publishers, 2005.
39) Disponível em: https://www.youtube.com/watch?v=vjSTNv4gyMM Acesso em 23/03/2024
40) Conheça Eduardo Almeida em: https://soueduardoalmeida.com.br/
41) Conheça Eugênio Mussak em: https://eugeniomussak.com.br/
42) Clear, James. Hábitos atômicos: um método fácil e comprovado de criar bons hábitos e se livrar dos maus. Alta Life, 2019.
43) Disponível em: https://gshow.globo.com/programas/mais-voce/noticia/responda-perguntas-e-veja-como-encontrar-seu-ikigai.ghtml Acesso em: 31/03/2024
44) Disponível em: https://en.wikipedia.org/wiki/Muggsy_Bogues Acesso em 31/03/24
45) Conheça as 24 Forças de Caráter em: https://rafaeltakei.com.br/forcasdecarater/

46) Ismail, Salim. Organizações Exponenciais. HSM, 2018.
47) Conheça o Capitalismo Consciente em: https://ccbrasil.cc/
48) Collins, Jim. Como as gigantes caem: E porque algumas nunca desistem. Campus, 2010.
49) Conheça Marcelo de Elias em: https://marcelodeelias.com.br/

www.ingramcontent.com/pod-product-compliance
Lightning Source LLC
LaVergne TN
LVHW050544160826
845677LV00011B/2166

* 9 7 8 6 5 0 1 0 3 0 8 3 8 *